W0075253

Dr. Ha Vinh Tho

Grundrecht auf Glück

Dr. Ha Vinh Tho

Grundrecht auf Glück

Bhutans Vorbild für ein
gelingendes Miteinander

Aufgezeichnet von
Gerd Pfitzenmaier

nymphenburger

MIX
Papier aus verantwor-
tungsvollen Quellen
FSC
www.fsc.org
FSC® C014496

© 2014 nymphenburger in der
F. A. Herbig Verlagsbuchhandlung GmbH, München
Alle Rechte vorbehalten.
Umschlaggestaltung: atelier-sanna.com, München
Umschlagfoto: privat
Satz: Buch-Werkstatt GmbH, Bad Aibling
Gesetzt aus: 10,7/14,7pt Sabon LT Std
Druck und Binden: GGP Media GmbH, Pößneck
Printed in Germany
ISBN 978-3-485-02817-2
Auch als  book

www.nymphenburger-verlag.de

Inhalt

Vorwort von Dr. Saamdu Chetri

(Generaldirektor des GNH Centre)

Es ist mir eine Ehre, die Gelegenheit zu haben, ein Vorwort für das Buch *Grundrecht auf Glück* von Dr. Ha Vinh Tho zu schreiben. Ich bezeichne ihn als »die Seele« des GNH Centre (Gross National Happiness Centre – auf Deutsch: Bruttonationalglück-Zentrum). Vor drei Jahren half er mir, die ersten Samen für den Traum des damaligen Ministerpräsidenten von Bhutan und Vorsitzenden des GNH Centre, Seine Exzellenz Dr. Jigmi Y. Thinley, im Dienste des Königs, des Landes und des Volkes von Bhutan zu pflanzen.

Dieser Traum bestand darin, einen Ort zu schaffen, an dem Menschen einen inneren Transformationsprozess erleben können, der seinerseits einen wiederum gesellschaftlichen Wandel anstoßen soll. Dieser Platz liegt in Bumthang in Zentral-Bhutan, und er grenzt direkt an das größte Naturschutzgebiet des Landes. Es sollte ein Ort sein, an dem Menschen aus allen Bereichen des Lebens zusammenkommen und lernen können, in Harmonie miteinander und mit der Natur zu leben, ein Ort, an dem sie ihre wahre Lebensbestimmung und ihre tieferen menschlichen Werte wiederentdecken, um mit erneuter Kraft und verfeinerten Fähigkeiten in ihren Alltag zurückzukehren, damit sie zum Wohlbefinden und Glück ihrer Familie, ihrer Gemeinschaft und ihres Landes beitragen.

Ich nenne Dr. Ha Vinh Tho, den Autor dieses Buches, »Au«.

7

Das bedeutet in unserer buthanischen Nationalsprache Dzongkha »geachteter, älterer Bruder«. Denn Dr. Ha Vinh Tho ist nicht nur ein buddhistischer Dharma-Lehrer, sondern verkörpert in seinem Alltag auch Freundlichkeit, Mitgefühl und Positivität. Er lebt und handelt nach dem Grundsatz, dass jeder Mensch sein höchstes Potenzial erreichen kann, wenn wir nur alle das Positive in jedem Menschen erkennen und kultivieren. In den zurückliegenden drei Jahren, in denen wir miteinander gearbeitet haben, habe ich ihn nie wütend oder enttäuscht erlebt, und es gibt nie etwas Negatives in der Art, wie er denkt, redet und handelt. Manchmal frage ich mich selbst verwundert, ob sich der Samen der Negativität in seinem Bewusstsein völlig aufgelöst hat.

Wie ein Spiegel ist seine Präsenz, durch die ich mir oft meiner eigenen Negativität bewusst werde. Von Dr. Tho lernte ich, dass eine positive Haltung zur rechten Wahrnehmung, rechten Sichtweise und zum rechten Verständnis führt, was wiederum das Fundament für das richtige Handeln im Denken, in der Rede und der Tat bildet.

Lange Zeit nahmen wir in unserer Gesellschaft den Begriff des Glücks nicht ernst. Die vorherrschenden Systeme konditionierten die Menschen auf eine bestimmte Weise, sie rückten die Begierde und den externen Erfolg in den Vordergrund. Mit großer Befriedigung nehme ich wahr, dass Glück in der zeitgenössischen Diskussion immer mehr ins Zentrum des Lebens gerückt ist.

Die Mentalität »immer mehr und immer größer« begrub das Potenzial, unsere Menschlichkeit maximal zu entfalten. Wir sind unzufrieden mit dem, was wir haben, und vergleichen uns ständig mit anderen, obwohl wir bereits mehr als genug zum Glücklichsein haben. Diese Unzufriedenheit wirft einen Schatten auf unser Leben. Wir sind nicht imstande, die vielen Reichtümer, die unsere Mitmenschen und die Natur uns schenken, wahrzunehmen und zu schätzen. Auf der Suche nach unerreichbarem, materiellem Glück öffnen wir auf diese Weise die Büchse der Pandora und lassen alle Schätze entfliehen. Dr. Tho aber sagte einmal während einer gemeinsamen Morgenmeditation: »Innere Zufriedenheit ist die Wurzel des Glücks.« Dieses Buch erscheint zu einem Zeitpunkt, an dem die Menschen dieser Welt nach einem neuen Entwicklungsparadigma suchen und nach und nach Glück als Ziel des Fortschritts anerkennen.

Das sagt ein Mensch, der Kriege und Naturkatastrophen aus eigener Erfahrung kennt und dadurch eine unmittelbare Einsicht in die Konsequenzen eines einseitigen materiellen Fortschritts hat.

Dieses Buch ist reich an Erkenntnissen, die uns dazu inspirieren können, unser Leben im Einklang mit der gegenwärtigen Realität zu überdenken. Es bringt dem Leser nahe, dass wir alle tief miteinander verbunden sind und nichts unabhängig vom Ganzen existieren kann. Wir sind eins mit dem Planeten, auf dem wir leben. Daher ist eine dualistische Perspektive illusorisch und führt in den Abgrund. Es ist an der Zeit, dass eine andere, nicht-dualistische Weltsicht, die auf Interdependenz begründet ist, sich durchsetzt.

Obwohl Glück ein Grundrecht aller Menschen ist, haben Regierungen und internationale Systeme zum größten Teil eine Entfremdung von wahren menschlichen Werten verursacht und die Menschen zum gedankenlosen Konsum verleitet. Dadurch haben wir unseren inneren Frieden verloren. Der aber ist eine wesentliche Grundlage unseres Wohlbefindens. Die Erkenntnis, dass Glück das letztendliche Bestreben des menschlichen Lebens ist, kommt leider oftmals zu spät. Erst auf unserem Totenbett wird uns auf schmerzliche Weise bewusst, wie vergänglich materielle Werte sind. Warum haben wir es nicht früher, vielleicht schon in der Kindheit, begriffen?

Daher ist es von großer Bedeutung, dass wir bereits im Erziehungssystem – vom frühesten Kindesalter an bis zur Universität – Bedingungen schaffen, die die Entwicklung von Fähigkeiten zum Glücklichsein fördern. Unter der Leitung von Dr. Tho entwickeln wir in Kooperation mit dem Mind & Life Institute in den USA zurzeit Programme, die – auf säkularer Ethik basierend – die Praxis von Achtsamkeit und Mitgefühl in das Curriculum des gesamten Schulsystems in Bhutan einführen.

Vor etwa vierzig Jahren erklärte Seine Majestät, der vierte König von Bhutan, Jigme Singye Wangchuck: »Bruttonationalglück ist wichtiger als Bruttoinlandsprodukt.« Dieser Slogan steht als Leitbild über allen von der bhutanischen Regierung entwickelten Fünfjahresplänen. Mit ihnen richtet sich Bhutan in einem »Bottom-up«-Ansatz in der politischen Praxis nach den Bedürfnissen der Bevölkerung. Bestärkt durch das internationale Interesse an seiner einzigartigen Entwicklungsphilosophie, hat Bhutan darüber hinaus neun gesellschaftliche Bereiche definiert und entsprechende Indikatoren entwickelt, die zur wissenschaftlichen Messung von Faktoren dienen, die für das Streben nach Wohlbefinden und Glück förderlich sind. Bhutan schuf mehrere Institutionen, die auf verschiedensten Ebenen die Forschung, Anwendung und Verbreitung von Bruttonationalglück zur Aufgabe haben. Das Centre for Bhutan Studies and GNH Research konzentriert sich auf die Forschung, die Durchführung von Umfragen und die Analyse der Ergebnisse.

Die GNH Commission hat es sich als Planungskommission zur Aufgabe gemacht, sicherzustellen, dass alle Regierungsprojekte Bruttonationalglück-kompatibel sind, und teilt die finanziellen Ressourcen zu.

Das GNH Centre sieht seine Aufgabe darin, den Bewusstseinswandel der Menschen zu fördern. Den braucht es für einen gesellschaftlichen Wandel. Unter der Leitung von Dr. Tho als Programmdirektor des GNH Centre besteht die zentrale Aufgabe darin, Kurse und Programme zu entwerfen, die den Teilnehmern dazu verhelfen, Bruttonationalglück (BNG) zu verstehen, zu erleben und in die Praxis umzusetzen.

Unser Fokus liegt auf der individuellen Ebene. Denn bestehende Systeme, wie Firmen oder wirtschaftliche und finanzielle Organisationen, manipulieren die Menschen durch spezifische Strategien sowohl im Marketing als auch in der Werbung. Wir haben vergessen, wie sehr unser Verhalten als Konsumenten die Wirtschaft mitbestimmt: Wenn wir unseren Fleischkonsum reduzieren, werden weniger Tiere getötet und weniger natürliche Ressourcen verbraucht; wenn wir aufhören, Junkfood, chemische Kosmetik, Modekleidung und unnötige Gadgets zu konsumieren, dann werden solche Objekte nach und nach nicht mehr im Überfluss produziert. Dadurch schonen wir auch unsere Biosphäre.

Viele Regierungen haben kaum mehr Macht über ihre Entscheidungen, weil sie im Grunde genommen von den großen Konzernen und multinationalen Firmen abhängig sind. Sie besitzen nur einen geringen Handlungsspielraum. Corporate Social Responsibility ist für viele Firmen meist nur ein repräsentatives Lippenbekenntnis, das sich nicht wirklich in ihrem Handlungsmuster manifestiert. Nur durch einen Bewusstwerdungsprozess kann diese durch Massenmedien hervorgebrachte Konditionierung transformiert werden. Genau an diesem Punkt möchte BNG ansetzen und einen Beitrag zum Wandel der Gesellschaft leisten.

Wir befinden uns in einer Schwellenphase der Menschheitsgeschichte. Sie zeichnet sich durch eine große Dringlichkeit aus. Die Erde ist sehr belastet und die große Zahl der aktuellen Naturkatastrophen demonstriert deutlich, dass wir auf vielen Ebenen Grenzen überschritten haben. Wenn nicht bald eine radikale Veränderung eintritt, wird der Klimawandel viele negative Konsequenzen mit sich bringen und die Menschheit wird großes Leid erfahren. All dies ist jedoch in erster Linie die Folge unseres eigenen unachtsamen Verhaltens.

Notwendig ist der Übergang von einem Ego- zu einem Ökobewusstsein. Während Bruttoinlandsprodukt weiterhin nach grenzenlosem Wachstum in einer begrenzten Welt strebt, können wir nur durch kollektive Weisheit und kollektives Handeln diesem destruktiven Streben Grenzen setzen.

Im Bewusstsein, dass alle Lebewesen nach Glück streben, müssen wir Wege entdecken, die uns auf solch eine Weise zu leben ermöglichen. Dann nämlich lindern wir das Leiden. Dann nämlich tragen wir zur Kultivierung des Glücks aller Lebensformen bei.

Wir müssen materielle und geistige Bedürfnisse als gleichwertige Dimensionen betrachten, denn Körper und Geist sind gleichermaßen wichtig. Mit unserer Aufmerksamkeit können wir erkennen, dass im gegenwärtigen Moment bereits genügend Bedingungen vorhanden sind, um glücklich zu sein. Zu oft streben wir nach unerreichbaren Dingen und vergessen dadurch, uns an den einfachen Dingen des Lebens zu erfreuen: am frischen Wasser, an der reinen Luft und der wunderschönen Natur. Solange wir stets nach materiellen Gütern streben, können wir nur vorübergehenden Genuss finden. Wenn wir aber unsere Aufmerksamkeit nach innen kehren, entdecken wir neue Schätze, die uns selbst und anderen zugutekommen.

Bruttonationalglück ist nicht Glück als solches, sondern soll eher die nötigen Bedingungen schaffen, damit Menschen ihrem Streben nach Glück nachgehen können. Glück mag individuell verschieden sein, aber dauerhaftes Glück hängt eng mit unserer Verbundenheit mit der Natur, unserer Anwesenheit für Mitmenschen und der Möglichkeit zur höchsten Entfaltung unseres menschlichen Potenzials zusammen.

Unsere Zusammenarbeit ist mir kostbar und ich möchte mich nochmals zutiefst bei Dr. Ha Vinh Tho bedanken. Den Lesern wünsche ich, dass dieses Buch ihnen Einsichten vermittelt, die zu ihrem eigenen Glück sowie dem Glück ihrer Familien und der Gesellschaft beitragen.

Mögen alle Wesen glücklich sein,
Tashi Delek
Dr. Saamdu Chetri

Warum ich nach Bhutan ging

*»Die Zeit kommt, in der sich die Menschen
auf ihre moralische Stärke besinnen.
Dann verlieren sie ihre Angst und stützen sich
gegenseitig mit ihrer Hoffnung.«*

Wangari Maathai in ihrer Dankesrede nach der Verleihung
des Friedensnobelpreises am 10. Dezember 2004 in Oslo

In diesem Buch beschreibe ich auch meinen eigenen Lebensweg. Nicht, weil ich glaube, dass mein Leben so viel interessanter wäre als jenes irgendeines anderen Menschen. Ich bin
jedoch davon überzeugt, dass soziale, spirituelle oder humanitäre Engagements – und von ihnen handelt dieses Buch –
immer eine tiefe Beziehung zur eigenen Biografie des Handelnden aufweisen.

Hier möchte ich zunächst kurz erzählen, was meinen Weg
nach Bhutan lenkte:

Ich arbeitete viele Jahre für das Internationale Komitee
vom Roten Kreuz (IKRK). In dieser Zeit reiste ich in viele Kriegs- und Krisengebiete auf der ganzen Erde und lernte
dabei die Not und die Probleme der Menschen aus eigener

Anschauung kennen. Je mehr ich aber darüber erfuhr, desto deutlicher beschlich mich auch der Gedanke, dass all unsere Anstrengungen humanitärer Arbeit die zugrunde liegenden Ursachen der zahllosen Katastrophen auf dem Planeten kaum bis gar nicht ansprechen.

In mir wuchs die Überzeugung, dass die äußere Gewalt, die sich in Kriegen und Kämpfen entlädt, lediglich das Symptom dieser tiefer liegenden strukturellen Gewalt sei. Und in der gleichen Weise sind auch die großen Naturkatastrophen, gegen die wir uns mehr und mehr wehren müssen, weitgehend ebenfalls nur die Folge dessen, wie wir die Natur misshandeln. Die Ursachen, die hinter diesen Anzeichen stehen, sprechen wir aber kaum an. Es ist ebenfalls strukturelle oder systemische Gewalt.

Eine Gewalt, die – um es nur mit einem Beispiel zu verdeutlichen – zulässt, dass Millionen Menschen auf dieser Erde verhungern, obwohl wir als Menschheit doch noch nie so reich und satt waren, wie wir es heute in vielen Regionen und Gesellschaften auf der Erde sind.

Die Frage brannte, nachdem ich sie mir einmal gestellt hatte, immer heftiger in mir: Wie können wir diese Ursachen der strukturellen Gewalt sowie der strukturellen Ungerechtigkeit beseitigen?

Beides hängt mit der Art und Weise, wie wir als »moderne Menschheit« leben, zusammen. Die Konsumgesellschaft, die sich in den zurückliegenden Jahrzehnten immer mehr und bis in die hintersten Winkel der Erde ausbreitete, ist nämlich alles andere als nachhaltig. Daher auch hat sie keine Zukunft. Von dieser Erkenntnis bin ich mehr und mehr überzeugt. Ich bin mir sicher, dass wir diese Nicht-Nachhaltigkeit unserer Lebensweise und der Systeme, die wir dafür in unseren Gesellschaften und in der Wirtschaft aufbauten, nicht genug hinterfragen – insbesondere nicht unser vorherrschendes, auf immer mehr Wachstum zielendes Wirtschaftssystem.

Deshalb begab ich mich auf die Suche: Ich musste einfach erfahren, ob und welche lebendigen Beispiele alternativer Entwicklungsmodelle es gibt. Ich wollte wissen, welche als Vorbild taugen oder zumindest als ein Experiment eine Perspektive andeuten, die die Menschen erahnen lässt, wie sie auf die Herausforderungen unserer Zeit reagieren und mögliche Lösungen finden können.

Dass die meisten alternativen Modelle sich immer nur an kleine Gruppen Gleichgesinnter wenden und sich daher selbst einschränken, erschien mir unbefriedigend. Dass es alternative Schulen, Bauernhöfe, Organisationen in der Zivilgesellschaft oder politische Parteien gibt, ist natürlich gut und unterstützenswert. Die entscheidende Frage, die dabei unbeantwortet bleibt, ist doch aber, zu wissen, ob solche Alternativmodelle sich auf ein ganzes Land übertragen lassen und ob diese damit potenziell der ganzen Welt ein neues Modell vorleben.

Auf dieser Suche begegnete ich in Bhutan dem Begriff des Bruttonationalglücks (Gross National Happiness). Mich faszinierte, dass dort im Himalaya ein ganzes Land den mutigen Versuch unternahm, einen anderen, ganz eigenen Entwicklungspfad zu beschreiten, anstatt dem üblichen Fortschrittsmodell zu folgen, das der Norden und der Westen – weitgehend vorgelebt von den USA und Europa – den übrigen Nationen aufzwangen. Die anderen Nationen sollten dieses Modell einfach kopieren. Bhutan setzte dem jedoch eine Alternative entgegen.

Eigentlich war ich davon ausgegangen, dass ich meine Aufgaben beim IKRK bis zu meiner Pensionierung treu erfüllen würde. Eines Morgens aber, es war im November 2011, öffnete ich wie jeden Tag meine Mailbox und wie immer lagen sehr viele Nachrichten im Postfach. Sie waren über Nacht eingetroffen. Meistens lösche ich fast alle Mails, die mir unbekannte Absender zuschicken, ohne sie vorher zu lesen. An diesen Morgen hatte ich wahrscheinlich etwas mehr Zeit. Ich öffnete ein Stellenangebot, das mir ein Mitarbeiter einer mir bekannten Universität geschickt hatte: Es ging um die Stelle des Programmdirektors im neu gegründeten Gross National Happiness Centre in Bhutan.

Ich las die Aufgabenbeschreibung.

Je mehr ich über die Arbeit erfuhr, desto größer wurde meine Begeisterung. Ich hatte das Gefühl, dieser Posten sei für mich maßgeschneidert. Alle Lebens- und Arbeitserfahrung, die ich bisher erworben hatte, schienen plötzlich wie eine einzige Vorbereitung auf diese Aufgabe. Das war ein sehr gutes Gefühl, aber es blieb dennoch die große Frage, ob die Menschen in Bhutan, die diesen Posten ausgeschrieben hatten, das auch so sahen.

Noch am selben Tag schrieb ich meine Bewerbung und schickte sie ab. Es vergingen Wochen, in denen ich nichts aus Bhutan hörte. Nach einer Weile dachte ich schon nicht mehr an die Bewerbung. Ich erledigte weiter meine Arbeit im IKRK.

Kurz vor Weihnachten verwickelte ich mich in eine Auseinandersetzung mit meiner Vorgesetzten. Die kam aus der privaten Wirtschaft und sollte im IKRK die Personalabteilung, der auch ich angegliedert war, »modernisieren«. Ich war der Überzeugung, dass die Einführung von Managementpraktiken aus der Wirtschaft die »Seele« einer humanitären Organisation wie der des Roten Kreuzes in Gefahr brächte. Wir hatten schließlich nicht den Auftrag, uns um Profit und Umsatz zu kümmern und die entsprechenden Kennzahlen zu steigern. Wir sorgten uns um Kriegsopfer und versuchten, deren Leid zu lindern. Zudem sollten meiner Überzeugung nach für uns doch auch innerhalb unserer Organisation jene humanitären Werte gelten, die wir nach außen verkörperten.

Meine Vorgesetzte und ich konnten uns jedoch nicht auf einen gemeinsamen Nenner einigen. Unsere Ansichten, wie das wichtige Reformprojekt der Organisation zu gestalten sei, blieben sehr verschieden. Ich musste mich entscheiden: Sofern ich mir selbst gegenüber treu bleiben wollte, konnte ich diese Pläne nicht unterstützen. Nach Weihnachten kündigte ich.

Ich war mir bewusst, dass ich dabei ein großes Risiko einging. Immerhin war ich schon neunundfünfzig Jahre alt und wusste, dass es nicht leicht sein würde, in diesem Alter eine neue Stelle zu finden.

Ich hatte inzwischen noch immer nichts aus Bhutan gehört.

Im Februar 2012 jedoch bekam ich dann die Nachricht, ich sei aus über hundert Kandidaten in eine engere Auswahl von nur noch dreißig Bewerbern gekommen. Das war schon ganz schön, aber noch weit entfernt von einer erneuten Anstellung. Und ich blieb weiter arbeitslos.

Dann meldete sich, für mich völlig unerwartet, ein Headhunter: Électricité de France (EDF), der größte französische Energiekonzern, wollte eine Abteilung gründen, die sich um das Wohl seiner über die ganze Welt verstreuten Mitarbeiter kümmern sollte. Ich sollte in Paris bei der Direktion vorsprechen und fuhr also in die französische Hauptstadt. Das Gespräch fand im Hauptsitz des Unternehmens, einem modernen Glas- und Stahl-Gebäude in der Nähe des Arc de Triomphe, statt. Es verlief gut. Schon ein paar Tage später kam einer der Direktoren zu mir nach Genf, um mir ein Angebot zu unterbreiten. Er fragte mich nach meiner Gehaltsvorstellung.

Inzwischen hatte ich mich jedoch über EDF informiert und erfahren, dass der Konzern nicht nur in Frankreich, sondern in vielen Ländern der Erde Atomkraftwerke baut und betreibt. Ich stand vor der Wahl: Einerseits dachte ich, dass es sicher eine sinnvolle Aufgabe sei, das Wohlbefinden der vielen Mitarbeiter zu steigern. Andererseits war mir bei der Vorstellung, für einen Atomkraftkonzern zu arbeiten, sehr unbehaglich zumute.

Der EDF-Direktor fragte mich also nach meiner Gehaltsvorstellung. Ich nannte ihm eine Zahl, die mir so unverschämt hoch erschien, dass ich sicher war, das Gespräch sei damit zu Ende. So würde ich gar nicht erst selbst meine Entscheidung, die mir Gewissensbisse bereitete, treffen müssen. Aber als ich meinen Honorarwunsch äußerte, schien mein Gesprächspartner überhaupt nicht überrascht zu sein. Im Gegenteil, er antwortete nur, dass er noch mit der Generaldirektion reden müsse, aber ihm schien mein Wunsch angemessen zu sein.

Das hatte ich nicht erwartet. Wieder blieb mir in der Zwickmühle, in der ich steckte, die eigene Entscheidung nicht erspart. Ich musste also doch selbst festlegen, was ich tun wollte. Das fiel mir gar nicht leicht: Einerseits brauchte ich ein Einkommen. Andererseits aber befand ich mich in einem moralischen Dilemma.

Zum Glück erreichte mich schon wenige Tage später eine E-Mail aus Bhutan: Darin stand, ich sei unter den verbliebenen sechs Finalisten im Auswahlverfahren um die Position des Programmdirektors im GNH Centre und das Suchkomitee würde bald ein Interview per Internet-Telefon mit mir führen wollen. Diese Nachricht erhielten alle Kandidaten, die in der Endausscheidung waren. So konnte ich die Namen aller anderen Mitbewerber im Header meiner Mail lesen. Ich googelte sofort, um mehr über meine Konkurrenten zu erfahren. Als ich die verschiedenen Lebensläufe las, entmutigte mich das ein wenig: Alle waren anerkannte Experten, sie arbeiteten an berühmten Universitäten in aller Welt. Ich schätzte meine eigenen Chancen nur noch gering ein.

Schon ein paar Tage später fand das Interview statt. Die Stimmung war sehr freundlich und ich hatte den Eindruck, dass ich bei meinen Gesprächspartnern gut ankam. Natürlich wusste ich nicht, wie die anderen Kandidaten abgeschnitten hatten.

Immer noch stand das Angebot von EDF im Raum …

Zwei Tage später kam die erlösende E-Mail aus Bhutan: Das Komitee hatte sich einstimmig für mich als neuen Programmdirektor entschieden. Ich sollte nach New York fliegen, um an einem Treffen der Vereinten Nationen teilzunehmen, das die Regierung von Bhutan anberaumt hatte. Damit hatte sich die Frage, ob ich bei EDF anheuern sollte, von selbst beantwortet. Obwohl das Gehalt, das mir Bhutan für die Mitarbeit anbot, nur einen Bruchteil dessen betrug, was mir der Energiekonzern versprochen hatte, musste ich gar nicht lange nachdenken. Mein Entschluss stand sofort fest: Ich würde nach Bhutan gehen. Mir erschien diese Nachricht wie ein Wink des Schicksals. In meinem Alter noch einmal die Gelegenheit zu erhalten, an einer Pionierarbeit mitzuwirken, die ganz und gar meinen eigenen Werten entsprach und die es mir ermöglichen würde, eine Antwort auf die Frage zu finden, wie wir Menschen der strukturellen Gewalt begegnen und die Ungerechtigkeit in der Welt beenden könnten, all das glich der Erfüllung eines Traums.

So begann also meine Reise nach Bhutan in Manhattan/ New York.

Wanderer zwischen den Welten

Die Familie: Wurzel jeder Biografie

> *»Vom Vater hab ich die Statur,*
> *Des Lebens ernstes Führen,*
> *Von Mütterchen die Frohnatur*
> *Und Lust zu fabulieren.«*

Johann Wolfgang von Goethe

Ich schrieb im ersten Kapitel:
»Je mehr ich (über die Arbeit als Programmdirektor des GNH Centre) erfuhr, desto größer wurde meine Begeisterung. Ich hatte das Gefühl, dieser Posten sei für mich maßgeschneidert. Alle Lebens- und Arbeitserfahrung, die ich bisher erworben hatte, schienen plötzlich wie eine einzige Vorbereitung auf diese Aufgabe.«

In diesem Kapitel erzähle ich einiges aus meiner Lebensgeschichte und hoffe, damit deutlich zu machen, welche wesentlichen Erlebnisse mich meiner Ansicht nach für mein Engagement und meinen Einsatz in Bhutan vorbereiteten. Gleichzeitig versuche ich damit, aufzuzeigen, welche grundsätzlichen Fragen mich als eine Art Lebens- und Leitmotiv über Jahrzehnte begleiteten.

Biografie bedeutet wörtlich »Schrift des Lebens«. Jede Schrift jedoch müssen wir erst lesen lernen, wenn wir sie und ihren Sinn verstehen wollen. Sonst bleiben die Buchstaben bloß bedeutungslose Zeichen. Der Versuch, den eigenen Lebensweg als Schrift zu deuten, kann natürlich immer nur ausschnittweise und einseitig sein. Denn wir heben dabei stets nur gewisse Elemente hervor, die wir im Augenblick des Erzählens für wichtig halten und die in das Gesamtbild passen, das wir zeichnen wollen. Es geht darum, Ereignisse, die andernfalls den Eindruck erwecken könnten, als seien sie willkürlich herausgegriffen, als roten Faden durch eine größere Geschichte zu ziehen, ihn in das Bild zu weben.

Im Buddhismus spielt der Begriff des Karmas eine große Rolle. Wenn wir unsere Biografien als karmische Geschichte auffassen und interpretieren, merken wir nach und nach, dass alle Ereignisse, die uns zuvor zusammenhanglos erschienen, wichtig und bedeutsam sind. Das Leben malt ein Bild: ein Mandala.

Jeder Mensch ist so viel mehr als das, was wir auf den ersten Blick wahrnehmen und in diesem Menschen sehen. Er oder sie ist ein Glied einer langen Kette, die bis in ferne Urzeit zurückreicht. Sie oder er ist zugleich das Ergebnis eines Zusammenfließens zweier Ströme: Der väterliche und der mütterliche Fluss haben sich vereinigt. Dessen waren sich einst alle traditionellen Kulturen bewusst. Sie ahnten intuitiv, wie wichtig diese Ahnenströme sind. Die Menschen der Neuzeit vergaßen diese Erkenntnis weitgehend. Wir sind so fasziniert vom Individualismus und vielleicht sogar geblendet von der Vorstellung, wonach nur der Mensch allein über sein Schicksal bestimmt, dass wir uns und ihn oft auf seine begrenzte

Persönlichkeit reduzieren. Die Genforschung jedoch beweist uns heute als modernste Erkenntnisse, dass ein Organismus nicht nur physische und biologische Merkmale vererbt, sondern dass sich auch psychische Eigenschaften, die eine Generation sich aneignet, auf nachfolgende Geschlechter übertragen.

Also ist dann auch meine Geschichte nicht nur eine persönliche Biografie und »Schrift meines Lebens«. Sie trägt vielmehr ebenso das Erbe vergangener Generationen in sich. Meine Biografie bezieht die Vorfahren mit ein. Sie gehören mit in meine Lebensgeschichte, spielen eine Rolle, wie jene Zeit und jener Raum, in denen ich gelebt habe bzw. lebe, eine wichtige Rolle spielen.

Ich wurde 1951 geboren, mein Vater war der älteste Sohn eines alten Adelsgeschlechts aus Zentral-Vietnam. Unsere Familie war mit der kaiserlichen Nguyen-Dynastie verwandt. Meine Großmutter väterlicherseits wuchs als Prinzessin in der Verbotenen Stadt auf.

Meine Mutter war Französin und stammte aus einer ganz einfachen Arbeiterfamilie. Als meine Eltern gegen Ende der Vierzigerjahre des 20. Jahrhunderts in Frankreich heirateten, war das für ihre beiden Familien ein Schock. Für die väterliche war es nicht akzeptabel, dass der Sohn eine Frau heiratete, die weder aus Vietnam stammte noch aus einem Adelsgeschlecht. Für die mütterliche war es schlimm, dass die Tochter einen Asiaten heiraten wollte. Damals war Vietnam noch eine französische Kolonie und die »Einheimischen« galten vielen Franzosen nicht als vollwertige Menschen. Meine beiden Eltern brauchten wohl einen starken Willen und vermutlich auch ebenso viel Mut, um ihre Beziehung zu leben, zu ihrer Liebe zu stehen und trotz aller Widerstände aus ihrer engsten Umgebung in diese Ehe einzutreten.

Schon bald nach der Hochzeit bekamen sie zwei Töchter. Im Juni 1950 lebten meine Eltern in Toulouse, wo mein Vater an seiner Doktorarbeit schrieb. Eines Tages hörten sie im Radio, dass der Gouverneur Zentral-Vietnams einem Attentat zum Opfer gefallen sei. Der Schock saß tief: Denn mein Großvater war damals Gouverneur. Meine Eltern wussten, als sie die Nachricht hörten, nicht mit Sicherheit, ob es sich bei dem Getöteten tatsächlich um meinen Großvater handelte. Mein Vater telegrafierte daher sofort nach Vietnam, um Näheres zu erkunden. Schon bald darauf erlangten meine Eltern per Telegramm die traurige Gewissheit: Ein österreichischer Fremdenlegionär hatte Gouverneur Ha Van Lan ermordet. Mein Vater flog, so rasch dies möglich war, nach Vietnam. Damals dauerte die Flugreise noch mehrere Tage, da sogar die besten Maschinen eine solch lange Reise nur in mehreren Etappen bewältigen konnten.

Zu dieser Zeit stillte meine Mutter noch ihre jüngste Tochter. Der Schock über das grausige Drama hatte schlimme Folgen: Ihre Muttermilch versiegte und das kleine Mädchen musste schlagartig entwöhnt werden. Das schwächte den kleinen Körper, meine Schwester erkrankte und starb kurze Zeit später. Ob die Umstellung der Ernährung von der Muttermilch auf andere Produkte dabei eine Rolle spielte, ist bis heute ungewiss. Meine Mutter jedoch war davon überzeugt und fühlte sich deshalb verantwortlich. So mussten meine Eltern innerhalb kürzester Zeit einen doppelten Verlust verkraften.

Etwas über ein Jahr später kam ich zur Welt. Meine Geburt war also auf merkwürdige Art und Weise mit zwei Todesfällen verknüpft.

Später deutete ich das so: Mir wurde in meiner Familie eine besondere Aufgabe zuteil, auch wenn dies nie jemand so aussprach. Ich kam als Kind in eine Familie, die viel Leid erfahren hatte, und ich sollte diesen Menschen wieder Glück bescheren. Jedenfalls hatte ich dieses Gefühl und vielleicht geht meine Begeisterung für das Bruttonationalglück zumindest zum Teil auf dieses frühe und unbewusste Kindheitserlebnis zurück.

Mein Vater wurde Diplomat. Deshalb verbrachte ich meine Kindheit in vielen verschiedenen Ländern. Von der ersten Klasse bis zum Abitur besuchte ich acht Schulen in acht Ländern. Das hatte auch Vorteile: So lernte ich schon als Kind mehrere Sprachen, darunter auch die deutsche.

Vater stammte aus einer buddhistischen Familie, er war jedoch nicht sehr religiös. Die Familie meiner Mutter war katholisch. Damit es in der Familie nicht zu religiösen Streitigkeiten käme, beschlossen meine Eltern, dass die Tochter katholisch und der Sohn buddhistisch erzogen werden sollte. Wir lebten damals aber nicht in buddhistischen Ländern, also bekam ich als Kind gar keine religiöse Erziehung. Erst als junger Erwachsener las ich in Schriften die Texte religiöser Denker und befasste mich intensiv mit den Lehren von Jesus Christus oder des Buddha und begann, intensiv über den Sinn des menschlichen Daseins nachzudenken. Mehr dazu in den nachfolgenden Abschnitten.

Die Jugendjahre:
Innere Erfahrung und soziales Wirken

1968 lebte ich in Paris. Ich geriet also mitten hinein in die aufgewühlte Welt der Jugend – auf der ganzen Welt war Aufruhr. In China tobte die Kulturrevolution, in den USA gingen Hunderttausende Menschen für die Bürgerrechtsbewegung und eine Gleichstellung der Afroamerikaner auf die Straßen. In der damaligen Tschechoslowakei spürten die Menschen beim »Prager Frühling« einen ersten Hauch von Freiheit und in Deutschland, in Frankreich und anderen westeuropäischen Ländern protestierten die Studenten. Was viele dieser Demonstrationen einte, war das Eintreten gegen den Vietnamkrieg – darin fanden die Unzufriedenen überall ihren gemeinsamen Nenner.

Viele junge Menschen fühlten damals auf beiden Seiten des Eisernen Vorhangs, dass die herrschenden Systeme grundsätzlich unbefriedigend waren. Viele Protestaktionen richteten sich gegen den autoritären Geist der konservativen Gesellschaft, gegen den um sich greifenden Materialismus der Wohlstandsgesellschaft und gegen die sich ausbreitende Technokratie. Die freizügige Kultur der Hippies schwappte aus den USA über den Atlantik nach Europa. Ihre Musik und ihre, die Älteren zum Teil bewusst provozierende Mode wurden rasch zum Marken- und Erkennungszeichen der Jugend und beeinflussten diese Jugendkultur. Studenten, Schüler und junge Arbeiter diskutierten immer mehr über sexuelle Revolution und Selbstverwirklichung. Paris war übersät von Wandsprüchen wie »Die Fantasie an die Macht«, »Traum ist Wirklichkeit«, »Die Werbung manipuliert dich«, »Nieder mit der Konsumgesellschaft«, »Kunst existiert nicht, Kunst bist du«, »Unter dem Pflaster liegt der Strand«, »Es ist verboten zu verbieten«.

Ich lernte damals noch auf dem Gymnasium, war aber politisch sehr engagiert und fühlte mich wegen meiner vietnamesischen Wurzeln direkt vom Vietnamkrieg betroffen. Einer meiner Onkel – Ha Van Lau – begleitete damals sogar die Verhandlungsdelegation Nordvietnams zur Friedenskonferenz nach Paris.

Die Hoffnungen aber, die ich auf einen Gesellschaftswandel durch politische Aktion hegte, zerstoben. Zu dieser Enttäuschung kam hinzu, dass die Studentenbewegung im Westen ihr Heil im Kommunismus und der Ideologie des Marxismus suchte und darin eine Alternative zu den angeprangerten Verkrustungen in den Gesellschaften unserer Nationen suchte, Idole wie den nordvietnamesischen Parteichef Ho Chi Minh oder den südamerikanischen Revolutionär Che Guevara auf ihre Schilde hob und verehrte. Als zudem noch Panzer der Truppen des Warschauer Pakts die friedlichen Proteste der Bürger und Studenten des »Prager Frühlings« blutig niederknüppelten, war das für viele Demonstranten und auch für mich persönlich eine herbe Enttäuschung.

Mir wurde damals mehr und mehr bewusst, dass wir auf diesem Weg keine wahre Erneuerung erhoffen durften, geschweige denn sie tatsächlich umsetzen konnten. Für mich blieb also die Frage unbeantwortet, wie eine echte soziale Erneuerung zustande kommen könne.

Nach dem Abitur hätte ich mit meinen Eltern nach Vietnam zurückkehren sollen. Auf dem Weg dorthin machten wir für einige Zeit in Bangkok Station, wo uns aus Vietnam leider nur sehr schlechte Nachrichten erreichten. Der Krieg eskalierte immer mehr. Mein Vater riet mir, nicht nach Vietnam zu reisen, da ich dort sonst zum Militär einberufen würde.

Also flog ich 1969 statt nach Vietnam nach Nepal. Ich kam in der Hauptstadt Kathmandu an und befand mich in einem Land, das erst seit kurzer Zeit Ausländern die Einreise genehmigte. Die Stadt war damals eine recht seltsame Mischung: einerseits eine Hippie-Kommune, andererseits eine mittelalterliche Theokratie.

Wenig später brach ich zu einem Ausflug in die Berge auf. Ich wollte nach Gosainkund, einem heiligen Ort mit vielen

Seen auf über 4000 Metern Meereshöhe. Dort trafen sich jeden Sommer bei Vollmond große Pilgerscharen mit Eremiten und wichtigen Lamas (so heißen die buddhistischen Geistlichen) aus der ganzen Region des Himalaya, um Reinigungsrituale zu vollziehen.

Damals gab es noch keine Trekking-Organisationen und keine Reiseführer. Ich stieg also einfach mit ein paar Freunden die Berghänge hinauf. Wir stapften über die Steige, suchten unseren Weg selbst und fragten andere Pilger, die wir unterwegs trafen, wie und wo wir weitergehen sollten. Am zweiten Tag der Wanderung rutschte ich mitsamt meinem ganzen Gepäck in einen Bach. Ich konnte also nicht mehr weiterwandern, denn alles, was ich bei mir trug – Kleidung und Ausrüstung –, war nass. Ich hätte die kommende kalte Nacht in dieser Bergregion nicht ohne Schaden überstanden.

So entschloss ich mich schweren Herzens, nach Helambu, einer Ortschaft, die in der Nähe lag, zurückzugehen. Dort rüstete ich mich erneut aus und startete am folgenden Tag aufs Neue. Dieses Mal brach ich aber allein in die Berge auf, da meine Freunde vorausgegangen waren.

Ich stieg ab dem frühen Morgen über die Pfade, musste mir aber am späten Nachmittag eingestehen, dass ich mich verirrt hatte: Ich fand den Weg, den ich zwei Tage zuvor mit meinen Freunden gegangen war, nicht wieder. Weit und breit sah ich nichts außer endloser Landschaft: Berge, Täler, Wald und Felsen. Ich war sehr besorgt und je unruhiger ich wurde, desto schwerer wurde es, meinen Weg zu finden. Noch heute erinnere ich mich gut daran, was ich damals durchlebt habe. Alle möglichen Gemütszustände wechselten dabei: Wut mit Verzweiflung, Selbstmitleid mit Selbstverneinung.

Es half alles nichts. Ich fühlte mich verloren im Himalaya. Die Nacht würde bald kommen und ich hatte keine Ahnung, was ich tun sollte. Allmählich wurde mir kalt und ich wollte ein Feuer entfachen, um mich zu wärmen. Doch es war August: In der Regenzeit gab es nur wenig herumliegendes Holz – und die Äste, die ich fand, waren feucht. Mir blieb keine andere Wahl: Ich hatte ein einziges Buch bei mir, es war Hermann Hesses Roman *Siddhartha*. Ich hatte dieses Buch zur Hälfte gelesen und entschloss mich schweren Herzens, die ersten Seiten herauszureißen, um mein Feuer zu entzünden. Rasch stellte ich fest, es genügte nicht. Ich riss also weitere Seiten aus meinem Buch, bis ich an jene Stelle kam, die ich noch nicht gelesen hatte ...

Es war eine schwere Entscheidung, aber am Ende musste ich das ganze Buch für mein Feuer opfern, das aber trotzdem nicht sehr gut loderte, denn das Holz war einfach zu feucht.

Meine Lage wurde immer hoffnungsloser. Mich überkam allmählich ein Gefühl der Hingabe, des Loslassens und der Akzeptanz. Ich fühlte mich machtlos und war mir dessen bewusst, aber zugleich fühlte ich mich von der Natur, von den Bergen, ja von der ganzen Erde aufgenommen und geborgen. In mir stieg eine innere Ruhe auf. Ich spürte ein Vertrauen und ich erlebte einen mir bislang noch nie gekannten Zustand: Ich fühlte mich eins mit dem Universum. Plötzlich hatte ich die Gewissheit, dass alles gut ist, so, wie es ist, und dass sinnvoll und richtig ist, was auch immer geschehen mag.

Es war, als ob ich durch die emotionale Erschütterung, die ich erlebte, zu einer tieferen Schicht meines Bewusstseins vorgedrungen sei, von der ich bis dahin nichts geahnt hatte. Alle Angst verschwand. Mich erfüllte eine freudige innere Stille. Das war ein mir völlig unbekanntes Erlebnis.

Ich weiß heute nicht mehr genau, wie lange ich dort so saß. Nach einiger Zeit jedenfalls hörte ich plötzlich eine Stimme. Irgendjemand sang in dieser Einsamkeit. Dann sah ich den Sänger: Es war ein alter Lama. Der Wandermönch zog von Dorf zu Dorf, um dort jeweils seine Zeremonien zu vollziehen. Als er mich sah, lachte er laut. Wahrscheinlich fand er es komisch, hier mitten im Gebirge einen Fremden zu treffen.

Der Mönch blieb stehen. Wir unterhielten uns, so gut das ging, denn wir sprachen ja einander unbekannte Sprachen. Ein paar Worte aber reichten uns doch, damit gelang uns die Verständigung, und als er meine missliche Lage verstand, lachte er abermals. Dann lud er mich ein, ihn ins nächste Dorf zu begleiten. Es lag nur etwas über eine Stunde entfernt, aber da ich meine Orientierung verloren hatte, hätte ich das Dorf ohne seine Hilfe womöglich niemals gefunden.

Nach diesem Abenteuer verlief meine Pilgerreise dann gut, ich fand meine Freunde wieder und zwei Wochen später war ich zurück in Kathmandu. Das Erlebnis in den Bergen jedoch ließ mich nicht los. Ich wusste, ich hatte an diesem Abend eine tiefere Bewusstseinsebene berührt und gespürt, ohne allerdings den genauen Weg zu kennen, auf dem ich dorthin gelangt war. Dennoch stand für mich fest: Ich wollte diesen Weg suchen. Ich wollte lernen, diesen Zustand, den ich erlebt hatte und der mich nicht mehr losließ, erneut zu erreichen, und ich wollte ihn erforschen.

Bald darauf erzählten mir Freunde, dass sie einen tibetischen Lama, der vor Kurzem aus seiner Heimat geflüchtet war, besuchen wollten. Sie schlugen mir vor, mitzukommen. Es war ein junger »Rinpoche«. Der Titel bedeutet so viel wie »kostbarer Meister«. Er wird im Buddhismus der tibetischen Vajrayana-Tradition »wiedergeborenen Meistern« verliehen.[1] In der Vorstellung buddhistischer Tibeter können geistig hoch entwickelte Meister im Augenblick ihres Todes bewusst entscheiden, wo und wann sie wiedergeboren werden.

Dementsprechend können andere sie nach ihrer Wiedergeburt wiedererkennen.

Ich begleitete meine Freunde und besuchte den jungen Rinpoche. Er war etwa Mitte zwanzig und wohnte mit seinem Lehrer in einer kleinen Hütte außerhalb von Kathmandu. Die Begegnung war eindrucksvoll. In dem kleinen Raum herrschte eine friedliche und gleichzeitig sehr wache, energiegeladene Atmosphäre, die mich sofort tief berührte. Später ging ich noch mehrere Male die beiden Lamas besuchen und erhielt von ihnen meine ersten Meditationsanweisungen.

Ich fing auch gleich nach unserem Treffen an, sehr eifrig und regelmäßig zu meditieren. Ich hoffte, den Zustand, den ich unerwartet und unabsichtlich in den Bergen erlebt hatte, durch eine gezielte Praxis wieder erreichen zu können und entdeckte beim Meditieren eine innere Welt, die ich bisher nicht gekannt hatte. Diese Entdeckung war für mich so überwältigend, dass ich mich eigentlich ganz diesem inneren Weg widmen wollte. Ich dachte ernsthaft daran, buddhistischer Mönch zu werden. Doch meine sozialpolitischen Ideale, die mich seit der Studentenbewegung prägten, blieben tief in meiner Seele lebendig und der Gedanke, nur im Kloster zu meditieren, ohne mich weiterhin gesellschaftlich zu engagieren, erschien mir nicht befriedigend. Wenn ich ehrlich bin, muss ich auch zugeben, dass ich in Wien, wo ich zu dieser Zeit lebte, eine Freundin hatte, die ich sehr liebte. Auch deshalb konnte ich mir nicht vorstellen, diese Beziehung ganz aufzugeben. Ich war wohl nicht wirklich dazu bereit, alles aufzugeben, um Mönch zu werden – obwohl etwas in mir sich danach sehnte.

Mein späteres Leben zeigt mir zudem, dass es wohl die richtige Entscheidung gewesen ist: Meine damalige Freundin – Lisi – und ich heirateten 1971 und wir sind noch immer glücklich verheiratet, haben zwei Kinder und vier Enkel.

Wenn ich heute, über vierzig Jahre später, auf diese Zeit zurückschaue, empfinde ich ein gewisses Mitgefühl für diesen jungen Mann, der unter Zweifeln und Ungewissheiten, aber mit starken Idealen darum rang, seinen Weg im Leben zu finden.

Diese inneren Erlebnisse, die ich damals hatte, ließen mich nun die Religionen erforschen, da ich ja als Kind keine religiöse Erziehung gehabt hatte. Ich nahm mir vor, Judentum, Christentum, Islam, Hinduismus und Buddhismus zu studieren. Ich ging nach Benares (der heutigen Stadt Varanasi). Dort mietete ich ein Hausboot auf dem Ganges und begann, zu lesen und zu studieren: zunächst das Alte und das Neue Testament der Bibel, dann den Heiligen Koran, danach die Bhagavat Gita und die Lehren des Buddha. Ich meditierte viel und besuchte Gurus, Sadhus (das sind hinduistische Geistliche), Lamas sowie andere geistige Lehrer. Das war eine intensive Zeit geistiger Suche. Dabei fühlte ich mich am meisten von den Lehren Jesu und des Buddha angezogen. Aber immer noch bewegte mich die Frage: Wie kann ich diesen inneren Weg und soziale Erneuerung zusammenführen?

Als ich am Morgen meines achtzehnten Geburtstags auf meinem Hausboot erwachte und an Deck ging, sah ich, dass sich eine Leiche in dem Seil verheddert hatte, das mein Boot mit dem Ufer vertäute. Sie war wohl mit dem Strom gegen das Tau getriftet und daran hängen geblieben. Der Anblick erschütterte mich. Ich hatte noch nie zuvor einen Toten gesehen. Ich entschloss mich, den Tag an der »Burning Ghat« zu verbringen, jenem Ort am Ganges, an dem die Hinterbliebenen die sterblichen Überreste ihrer Verstorbenen verbrennen. Dabei reflektierte ich über die Vergänglichkeit des Lebens und über die Gewissheit meines eigenen Todes. Diese

Meditation stärkte meinen Entschluss, mich dem geistigen Weg zu widmen.

Nach mehreren Monaten jedoch fühlte ich, dass ich so nicht weiterkommen würde: Ich hätte noch lange studieren und meditieren können, aber ich hatte das Gefühl, dass ich damit keine weiteren Fortschritte machen konnte. Ich kehrte daher nach Europa zurück.

In diesen Tagen las ich das Neue Testament und es beeindruckte mich, wie Jesus seine Jünger aufforderte, sich nicht um materielle Güter zu sorgen, sondern einer höheren Macht zu vertrauen. In Erinnerung blieb mir vor allem ein Satz aus dem Matthäusevangelium: »*Sehet die Vögel unter dem Himmel an: sie säen nicht, sie ernten nicht, sie sammeln nicht in die Scheunen; und euer himmlischer Vater nährt sie doch. Seid ihr denn nicht viel mehr denn sie?*« (Mt 6,26)

Dem wollte ich nacheifern. Ich entschied mich, diese Lehre in die Praxis umzusetzen, verschenkte all mein Geld, das ich noch hatte, und begann meine Reise von Benares nach Wien, wo damals noch meine Eltern wohnten, ohne einen einzigen Dollar (oder eine Rupie) in der Tasche.

Diese Reise wurde ein echtes Abenteuer. Was ich auf ihr erlebte, könnte ein weiteres Buch füllen. Es genügt an dieser Stelle jedoch zu sagen, dass diese Reise von Indien über Pakistan, Iran, die Türkei, Bulgarien und damals noch Jugoslawien ohne Geld eine wahre Odyssee war. Zugleich war sie aber auch eine intensive Lernerfahrung für einen jungen Menschen.

Mir begegneten das Beste wie auch das Schlimmste und ich gewann zugleich Einblicke in viele Facetten der menschlichen Natur. Dazu nur ein Beispiel: Unterwegs erkrankte ich schwer. Dennoch warfen mich in einem amerikanischen christlichen Missionsspital im pakistanischen Quetta die Pfleger hinaus, weil ich kein Geld hatte und meine Behandlung nicht bezahlen konnte. Kurz danach nahm mich eine arme islamische Familie auf, die mich auf der Straße fand, als ich nicht mehr weiterwusste. Sie ernährten und pflegten mich mehrere Wochen lang, ohne irgendetwas als Gegenleistung zu erwarten.

Diese Jugenderlebnisse bilden den Hintergrund für meine Beweggründe, die mich viele Jahre später nach Bhutan führten. Schon damals beschäftigte ich mich mit dem Platz des Geldes im menschlichen Leben und in den Beziehungen zwischen uns Menschen. Diese Frage interessierte mich jedoch keinesfalls nur theoretisch. Ich wollte am eigenen Leib spüren, wie sich ein Leben anfühlt, in dem ich Geld und Konsum nicht an die erste Stelle setzte. Diese Erfahrung wollte ich unmittelbar erleben.

Studienzeit und Einstieg in die Berufswelt

In Wien angekommen, überlegte ich, was ich nun tun sollte. Es war Zeit, sich für ein Studium zu entscheiden, aber ich hatte wenig Vertrauen in die Universitäten. Dort fehlte mir die spirituelle Dimension im akademischen Studium. Dennoch entschied ich mich, Medizin zu studieren. Mit diesem Fach, dachte ich, wäre ich zumindest in der Lage, Menschen zu helfen.

Damals lebte auch ein Freund, den ich aus Indien kannte, in Wien. Er war während seiner Reise psychisch schwer erkrankt und die Ärzte wussten nicht mehr, wie sie ihm noch helfen konnten. Eine Freundin seiner Familie hatte ihn aufgenommen. Sie praktizierte alternative Therapien und wollte versuchen, ob diese Behandlung bei ihm anschlagen könnte.

Ich besuchte meinen Freund bei dieser Therapeutin. Sie war eine Heileurythmistin und Sprachtherapeutin. Wir kamen ins Gespräch und sie beeindruckte mich, weil sie die erste Person war, der ich in Europa begegnete, die mich zu verstehen schien, wenn ich über meine »inneren Erlebnisse« und über meinen geistigen Weg sprach. Ich erzählte ihr von meiner Absicht, Medizin zu studieren, und auch, dass ich selbst davon nicht sehr überzeugt war und das Studium nur aufnahm, weil ich nichts Besseres zu tun wusste. Und ich sprach von meiner Sehnsucht, den inneren Weg und das soziale Engagement miteinander zu verbinden. Daraufhin erzählte sie mir von Rudolf Steiner und der Anthroposophie.

Davon hatte ich bislang noch nie etwas gehört. Sie riet mir, das Goetheanum zu besuchen. Das ist die Freie Hochschule für Geisteswissenschaft im schweizerischen Ort Dornach, gelegen in der Nähe von Basel. Dort könnte ich mehr über Steiner und die Anthroposophie erfahren.

Wenig später fuhr ich tatsächlich nach Dornach und besuchte das Goetheanum. Das Gebäude sowie die ganze Stimmung im Dorf kamen mir etwas seltsam vor. Ich las seinerzeit aber auch ein Buch von Rudolf Steiner über die Evangelien, die ich in Indien kurz davor studiert hatte. Ich fand seine Erklärungen von der tiefen Bedeutung dieser Texte so faszinierend, dass ich mich dazu entschloss, ans Goetheanum zu gehen und dort zu studieren.

Meine Begegnung mit der Anthroposophie könnte nun ebenfalls ein langes Kapitel dieses Buches füllen, aber in diesem Zusammenhang muss es genügen zu sagen, dass meine Wiener Freundin Lisi und ich nach Dornach umzogen und vier Jahre dort lebten und studierten. Wir heirateten auch dort und unsere beiden Kinder sind ebenfalls in der Schweiz geboren.

Für mich war die Zeit am Goetheanum eine hochinteressante. Die Begegnung mit der christlichen Spiritualität, so wie sie Rudolf Steiner vertrat, in Verbindung mit meinem eigenen buddhistischen Weg erlebte ich als sehr bereichernd. Obwohl viele Menschen nicht verstanden, wie ich beides zugleich studieren und praktizieren konnte, war dies für mich nie ein Problem. Schließlich war ich ja von Geburt an diese beiden Denkwelten in Ost und West gewöhnt. Biologisch gehörte ich sowohl zum asiatischen Osten wie zum europäischen Westen, aber auch kulturell und religiös war ich in beiden Welten aufgewachsen. An der Anthroposophie nun interessierte mich besonders die Möglichkeit, aus einer geistigen Sicht heraus praktisch in der Welt tätig zu sein: Die Waldorfpädagogik, der biologisch-dynamische Landbau, die Heilpädagogik und die anthroposophische Medizin begeisterten mich.

Nach meinem Studium war ich für kurze Zeit Waldorflehrer in Deutschland und später Heilpädagoge in der Camphill-Bewegung in der Schweiz. Diese Bewegung wurde in den Vierzigerjahren des 20. Jahrhunderts in Schottland vom österreichisch-jüdischen Arzt Dr. Karl König begründet. Er musste nach dem Anschluss 1938 aus seiner Heimat fliehen und gründete in Schottland eine therapeutische Gemeinschaft für Kinder mit geistiger Behinderung. Von Rudolf Steiner inspiriert, nannte er, was er machte, »Seelenpflege bedürftiger Kinder«. Ich verbrachte mit meiner Familie viele Jahre in einer Camphill-Gemeinschaft am Genfer See. Dort interessierte mich besonders der Versuch, Lebensformen zu entwickeln, die eine therapeutische Wirkung haben sollten. Sie gründeten auf spirituellen Idealen und maßen dem Umgang mit Geld und Besitz eine ganz andere Bedeutung bei, als es sonst in der Gesellschaft üblich war.

Jahrelang lebten wir, ohne persönlich ein Einkommen zu beziehen. Alle Gehälter flossen in einen gemeinsamen Topf, aus dem jede Familie – im Einverständnis mit den anderen Mitarbeitern – jeweils entnahm, was sie brauchte. Das funktionierte erstaunlich gut. Wir trafen uns nur etwa zwei oder drei Mal im Jahr, um über außergewöhnliche Investitionen zu sprechen: wenn zum Beispiel jemand sein Auto wechseln wollte oder um das Studium der Kinder an der Universität zu finanzieren.

Für mich besonders interessant war dabei der Versuch, ganz bewusst Arbeit und Gehalt zu trennen. Was wir aus der Gemeinschaftskasse entnahmen, war nicht an die Position gebunden, sondern entsprach den echten Bedürfnissen der jeweiligen Familie. Das war eine gute Übung: Wir mussten uns darüber klar werden, was jeder von uns wirklich braucht und was die anderen der Gemeinschaft brauchen. Das schärfte die Sinne dafür, oberflächliche Wünsche oder Begierden, die im Grunde genommen nicht berechtigt sind, zu erkennen.

Unsere Kinder sind beide in dieser besonderen Umgebung aufgewachsen und wir hatten immer das Gefühl, dass sie einerseits stets das bekamen, was nötig und wichtig für sie war, dass ihnen aber andererseits dadurch auch das übliche Überkonsumieren erspart blieb. Heute sind sie erwachsen, haben beide Familie und Kinder, und wenn sie über ihre eigenen Kinder- und Jugendjahre sprechen, betonen sie immer, welch schöne Zeit sie damals erlebten und wie gerne sie daran zurückdenken.

Es war eine wichtige Zeit. Wir nahmen an einem Experiment teil, bei dem wir im Alltag und in der Praxis beweisen konnten, dass wir anders mit Geld und Besitztum umgingen, als es damals wie heute üblich war bzw. ist, und dass wir dabei ein wirklich gutes Leben führten. Meine Überzeugung, dass es glaubwürdige und realistische Alternativen zum herrschenden wirtschaftlichen Modell gibt, verdanke ich zum großen Teil diesen Gemeinschaftserfahrungen.

In diesen Jahren lernte ich auch das Leben von Menschen kennen, die geistig gehandicapt sind. Und ich lernte, mit ihnen tagtäglich zusammenzuleben. Denn wir kümmerten uns nicht nur um sie, die Menschen waren ein Teil unserer Familie. Das war eine wichtige Erfahrung: Wir waren mit Menschen zusammen, die wir sonst in unserer Gesellschaft oft ausgrenzen, die viele von uns nicht sehen oder denen wir selten zuhören. Wer die systemische oder strukturelle Gewalt in unseren Gesellschaften verstehen will, muss an den Rand des Systems gehen. Dort nehmen wir wahr, was diejenigen, die vom System weitgehend ausgeschlossen sind, tatsächlich erleben: die »Stimmenlosen« – die Flüchtlinge, die Fremdarbeiter, die Obdachlosen, die Behinderten. Dann verstehen wir auch gleichzeitig, was diese Menschen zu unserer Gesellschaft beitragen können. Doch dafür müssen wir bereit sein, ihnen eine Stimme zu geben und auf die Stimme auch zu hören.

Vietnam und die Begegnung mit Thich Nhat Hanh

Der Vietnamkrieg war 1975 zu Ende. Ich konnte 1982 zum ersten Mal wieder in das Land meines Vaters reisen.

Vietnam war sehr arm, die Infrastruktur war komplett zerstört, die Menschen hatten kaum genug zu essen. Das politische Regime war sehr streng und autoritär. Aber was ich dort erlebte, bewegte mich zutiefst, und ich wollte etwas für Vietnam tun.

Während des Krieges hatte die amerikanische Armee aus Flugzeugen und Hubschraubern fünfzig Millionen Liter »Agent Orange« auf Vietnam gesprüht. Mit diesem chemischen Gift wurden großflächig die Wälder entlaubt und die Ernten vernichtet. Ziel war es, die feindliche Guerillabewegung des Vietcong der Tarnung durch den dichten Dschungel zu berauben und zugleich die Nahrungsversorgung der Bevölkerung zu stören. Die Chemikalie aber schädigt auch noch ungeborene Kinder im Mutterleib und sie bleibt für lange Zeit in der Umwelt vorhanden.

Die andauernde Belastung der vietnamesischen Böden, der Feldfrüchte und der Bevölkerung mit Dioxinen, die aus dem Entlaubungsgift stammen, führt bis in die Gegenwart bei einer großen Anzahl von Kindern zu einem drastisch erhöhten Auftreten schwerer Fehl- und Missbildungen.

Da wir uns durch unsere Arbeit in der Camphill-Gemeinschaft mit Behinderungen auskannten, erreichten meine Frau Lisi und mich schnell Anfragen aus Vietnam, ob wir den betroffenen Kindern helfen könnten. Die Regierung verfügte damals weder über die finanziellen Mittel noch über die menschlichen Ressourcen, um für diese Kinder zu sorgen.

Ab 1989 reisten wir daher regelmäßig in das Land. Dabei begegneten wir auch dem vietnamesischen Zen-Meister Thich Nhat Hanh. Ich hatte zuvor schon viel über ihn gehört. Er stammt aus Hue, der Stadt, in der auch meine väterliche Familie zu Hause war. Als Thich Nhat Hanh noch in Vietnam lebte, war er dort der Lehrer mehrerer Mitglieder meiner Familie. Doch obwohl er später in Frankreich lebte, hatte ich ihn bis dahin nie besucht.

Als wir zum ersten Mal nach Plum Village, Thich Nhat Hanhs Hauptsitz in der Nähe von Bordeaux, gingen, hatte die Gemeinschaft dort noch eine familiäre Atmosphäre. Sie war noch nicht so groß, wie sie es später wurde. Alle Besucher und in Plum Village lebenden Anhänger des Meisters kannten sich, und da ich durch meine Familie eine Beziehung zu Thay (so wird Thich Nhat Hanh von seinen Schülern genannt, es heißt auf Vietnamesisch »Lehrer«) hatte, konnten wir ihn sofort persönlich kennenlernen.

Diese Begegnung veränderte mein Leben. Ich hatte das Gefühl, spirituell zu Hause angekommen zu sein. Zuvor hatte ich in der tibetischen und auch in der japanischen Tradition meditiert, aber seltsamerweise dauerte es so lange, bis ich jenen Lehrer traf, mit dem ich durch meine familiären Wurzeln verbunden war. Ich erinnere mich noch gut, dass ich die ersten Male, als ich Thay unterrichten hörte, weinen musste. Nicht etwa, weil ich traurig gewesen wäre, sondern weil mich dies so tief bewegte. Ich hatte schon viele Jahre meditiert und geistige Weisheit vom Buddhismus bis zur Anthroposophie studiert, aber als ich Thay traf, fühlte ich, wie sich mein Herz öffnete: Das intellektuelle Wissen, das ich mir angeeignet hatte, verwandelte sich in »Herzens-Wissen«. Erst durch Thich Nhat Hanh entdeckte ich die wahre Bedeutung von Mitgefühl.

Thich Nhat Hanh musste in seiner Heimat als junger buddhistischer Mönch einen Krieg nach dem anderen erleben: einen Krieg gegen die Franzosen, einen gegen die Japaner, dann abermals Krieg gegen Frankreich und dann den »Vietnam Krieg«, den die Menschen in Vietnam den »Amerikanischen Krieg« nennen.

Thich Nhat Hanh durchlief die traditionelle Schule buddhistischer Mönche und verbrachte lange Zeit damit, über Mitgefühl zu meditieren und für das Wohl aller Wesen zu beten. Er empfand die Spannung und den Widerspruch zwischen der Realität dieser Kriege, die rings um ihn herum wüteten und tobten, und seinem eigenen zurückgezogenen Leben als Gelehrter und Mönch. Deshalb gründete er die erste Schule junger Buddhisten, die Sozialarbeit leisteten: Er definierte die Rolle der Mönche in der Gesellschaft neu und entwickelte den Begriff des »sozial engagierten Buddhismus«. Nach und nach verbreitete sich dieser Begriff auf der ganzen Welt und wurde bekannt. Thich Nhat Hanh reiste in die Vereinigten Staaten, um sich dort für den Frieden einzusetzen. Dort begegnete der buddhistische Mönch dem christlichen Pfarrer Martin Luther King.

Anfang 2014 hatte ich Gelegenheit, mit einem ehemaligen Mitarbeiter Martin Luther Kings zu sprechen. Er erzählte mir, dass die Begegnung zwischen den beiden Männern sehr bedeutsam gewesen sei, denn bis dahin hatte Pfarrer King sich ausschließlich auf die Rechte der afroamerikanischen US-Bevölkerung konzentriert. Sein Treffen mit Thich Nhat Hanh war der Anfang seines Engagements in der Friedensbewegung und spielte somit wohl eine bedeutsame Rolle, denn diese Friedensbewegung verbreitete sich dann nicht nur in den USA, sondern weltweit.

Auch für mich war die Begegnung mit Thich Nhat Hanh von großer Bedeutung. Sie bestätigte mein Ideal, das ich schon als junger Mensch verfolgte, und zeigte mir, wie wichtig es war, innere Haltung und soziales Engagement miteinander zu verbinden.

Ich traf Thich Nhat Hanh etwa zu der Zeit, als unser Engagement für die Kinder in Vietnam begann. Das startete zunächst sehr bescheiden, nahm jedoch über die Jahre immer größere Dimensionen an. Wir leisteten Pionierarbeit bei der Entwicklung von Sonderpädagogik, Heilpädagogik und Sozialtherapie und bezogen dabei das mit ein, was wir in Europa auf diesen Feldern gelernt hatten. Uns lag jedoch am

Herzen, unsere Arbeit und Hilfe in und für Vietnam aus der lokalen Realität heraus aufzubauen: sozial, kulturell und auch wirtschaftlich. Wir gründeten dafür später die Eurasia-Stiftung. Sie unterstützt bis heute unsere Arbeit.

Ich lehrte auch regelmäßig als buddhistischer Lehrer. Thich Nhat Hanh nämlich übergab meiner Frau und mir 2001 die Lehrberechtigung. Unsere Tradition nennt diese feierliche Weihe die »Übertragung der Lampe«. Dabei entzündet der Lehrer die Lampe seines Schülers. Sie ist das Zeichen, dass das Licht der Weisheit und die Wärme des Mitgefühls von Herz zu Herz weitergegeben wurden. Auf diese Weise hat sich auch die Lehre des Buddha über die Jahrtausende durch eine niemals unterbrochene Kette von Lehrern zu ihren Schülern in reiner Form erhalten.

Von der Heilpädagogik zum IKRK

Inzwischen hatte ich auch mein zweites Studium in Psychologie, Sozialarbeit und Pädagogik beendet und an der Genfer Universität meine Doktorarbeit mit dem Titel »Auf der Suche nach der Lebenswelt: Erwachsenenbildung und Selbstverwandlung« geschrieben. Danach arbeitete ich hauptsächlich in der Ausbildung von Heilpädagogen und Sozialarbeitern, unterrichtete an verschiedenen Universitäten in Europa und Asien, blieb aber immer noch mit der Camphill-Gemeinschaft verbunden.

Nach vielen Jahren der Tätigkeit in der Heilpädagogik und Sozialtherapie hatte ich jedoch das Gefühl, an eine Grenze gelangt zu sein. Ich fragte mich, was ich auf diesem Gebiet an Zusätzlichem erreichen könne. Zugleich musste ich erleben, wie in unserer Gemeinschaft viele vom ursprünglichen Ideal abwichen und manche der Grund- und Vorsätze unserer Gemeinschaft verloren gegangen waren. Sie geriet mehr und mehr zu einer »gewöhnlichen Institution«. Unsere Gemeinschaft leistete zwar immer noch gute Arbeit bei der Pflege und Erziehung von Kindern mit Behinderungen. Doch das, was mich einst so besonders angezogen hatte, war ihr in meinen Augen nach und nach abhandengekommen: der Versuch, das wirtschaftliche und soziale Leben radikal anders zu gestalten. Und einfach in einer »normalen Institution« zu arbeiten, erschien mir immer weniger erstrebenswert. Das war nie meine Absicht gewesen.

Zu dieser Zeit ergab sich für mich ziemlich unerwartet die Möglichkeit, beim Internationalen Komitee vom Roten Kreuz (IKRK) zu arbeiten. Das IKRK, 1863 von Henry Dunant in Genf gegründet, übernimmt in Konfliktsituationen eine neutrale Vermittlerrolle. Es bietet Kriegsopfern Hilfe und Schutz, verteilt in Konfliktgebieten Lebensmittel und Hilfsmaterial wie Zelte, Kleidung oder Decken und organisiert medizinische Hilfe. Und das weltweit nach sieben Grundsätzen: Das Rote Kreuz fühlt sich der Menschlichkeit verpflichtet, agiert unparteiisch sowie neutral, es ist unabhängig und leistet all seine Hilfe freiwillig. Die Institution handelt nach dem Grundsatz der Einheit und der Universalität. Diese Grundsätze musste ich in allen Ausbildungen unterrichten. Sie kamen meinen eigenen Werten sehr nahe. Denn ein sozial engagierter Buddhismus basiert auf ganz ähnlichen Prinzipien.

Ich wurde Leiter des Ausbildungsdepartments beim IKRK. Als solcher verantwortete ich die Vorbereitung der neu rekrutierten Mitarbeiter auf einen Feldeinsatz in Kriegsgebieten. Ich musste auch alle Mitarbeiter weltweit weiterbilden und war für alle Ausbildungszentren des IKRK in Asien, im Mittleren Osten, in Europa und in Afrika verantwortlich. Das bedeutete, dass ich oft in Konfliktgebieten unterwegs sein musste, um selbst zu wissen, was unsere Mitarbeiter tagtäglich erlebten und erleben mussten. Nur so war es überhaupt möglich, die Ausbildungen realitätsnah zu gestalten.

Es waren immer wieder tief beeindruckende Erlebnisse. So war es zum Beispiel auch bei einer meiner ersten Feldmissionen, die mich nach Pakistan führte. In Kaschmir hatte am 8. Oktober 2005 um 8:50 Uhr Ortszeit die Erde gebebt. Die von der Regierung bestätigte Zahl der Opfer dieser Naturkatastrophe stieg rasch auf 84 000. Ich landete nur wenige Tage später mit dem Helikopter in der regionalen Hauptstadt Muzaffarabad. Da Kaschmir wegen der Territorialstreitigkeiten zwischen Pakistan und Indien als Konfliktzone galt, hatte das IKRK den Auftrag, die humanitäre Hilfe zu koordinieren.

In der Region waren seit Jahrzehnten keine Ausländer gewesen. Daher musste ich mit meinem Team die Leute, die wir lokal rekrutierten, im Schnellverfahren ausbilden, damit sie verstanden, für wen sie arbeiteten und nach welchen Grundsätzen unsere Organisation operierte. Diese Aufklärung war auch notwendig, um Missverständnisse gar nicht erst aufkeimen zu lassen: Wir mussten den Helfern vor Ort erst erklären, dass das rote Kreuz auf unseren Fahnen und in unserem Wappen kein christliches Symbol war. Das war in einer sehr streng islamischen Kultur wichtig. Sie sollten erkennen, dass das Kreuz die Umkehrung der Schweizer Nationalflagge darstellte und die Organisation damit die Schweizer Bürger ehrte, deren Engagement erst die Gründung des Roten Kreuzes ermöglicht hatte.

Wir flogen mit dem Hubschrauber in die Regionen, die am schlimmsten betroffen waren. Was ich dabei sah, konnte ich fast nicht fassen. Stellenweise waren ganze Berge in sich zusammengestürzt. Die Erde hatte in der Frühe gebebt, als die meisten Kinder in den Schulen saßen. Diese Gebäude jedoch waren aus Steinen gemauert und so gut wie kein Haus blieb stehen. Alle Familien, denen ich begegnete, hatten daher Kinder verloren – manche sogar alle ihre Kinder, und es war erschütternd zu erleben, mit welcher Würde die meisten Menschen trotz dieser ungeheuren Trauer diese Ereignisse akzeptierten. Immer wieder hörte ich den Satz: »Allah gibt und Allah nimmt wieder, möge Allahs Wille geschehen.«

In diesem Erdbebengebiet sah ich auch, wie die Solidarität in einer solch traditionellen Gesellschaft noch lebendig ist. Ich durfte erleben, mit welch tiefer Dankbarkeit die Menschen die kleinste Hilfe annahmen. Sie hatten alles verloren. Aber wenn wir sie besuchten, versuchten sie, uns etwas zu schenken: Sie teilten uns eine Tasse Tee aus, gaben uns einen Kanten Brot, obwohl sie selbst oft nicht genug zu essen hatten. Es waren bewegende Begegnungen mit Menschen, die weit entfernt von unserer Wohlstandsgesellschaft lebten. Sie aber hatten die menschlichen Werte bewahrt, die wir oft in den reicheren Ländern nicht mehr so leicht finden. Die Menschen, die ich dort erlebte, passten auch überhaupt nicht in das Stereotyp islamischer Fanatiker, das uns viele westliche Medien so oft in den Zeitungen oder den TV-Nachrichten präsentieren.

Es ist dies nur ein Beispiel. Und während meiner Tätigkeit für das IKRK durfte ich viele ähnliche Erfahrungen sammeln. Dennoch erging es mir hier ähnlich wie zuvor bei meiner Ausbildungstätigkeit und meinem Engagement in der Camphill-Gemeinschaft. Obgleich die humanitäre Arbeit des IKRK zweifellos gut, notwendig und wichtig war, wurde all das für mich auf Dauer unbefriedigend, denn die eigentlichen Wurzeln der Probleme wurden dadurch nicht wirklich beseitigt.

Deshalb wuchs in mir die Überzeugung, dass sich eine tief greifende Erneuerung der Welt nur durch eine entsprechende Erziehung erreichen lässt. Wer etwas ändern will in dieser Welt, muss dort ansetzen. Nur das Erwachen des Bewusstseins kann eine dauerhafte Veränderung bewirken.

Obwohl ich an verschiedenen Universitäten lehrte, wusste ich allerdings nicht wirklich, in welchem Kontext ich das, was mir vorschwebte, umsetzen könnte und wollte. An den Universitäten waren die institutionellen Beschränkungen doch sehr eng. Und beim IKRK war mein Spielraum durch die Besonderheit der Aufgabe ebenfalls begrenzt.

Vom IKRK nach Bhutan: Das Bruttonationalglück-Zentrum

Ich habe es schon im ersten Kapitel erzählt: Ich verließ das IKRK mehr oder weniger von heute auf morgen wegen prinzipieller Meinungsverschiedenheiten mit meiner Vorgesetzten. Was ich zunächst als sehr harte Prüfung erlebte, entpuppte sich am Ende doch als ein Glück im Unglück.

Ich hatte mich schon seit einiger Zeit für das Prinzip des Bruttonationalglücks interessiert, konnte mir aber nicht vorstellen, wie aus diesem Interesse eine berufliche Tätigkeit werden sollte. Als ich dann das Stellenangebot des Programmdirektors im Gross National Happiness Centre (GNH Centre) las, begeisterte mich dies sofort. Ich hatte das Gefühl, mir werde dort ein völliger Freiraum geboten, um Ausbildungen und Lernprozesse zu entwickeln, deren Ziel eine Verbindung zwischen der inneren Verwandlung und einer sozialen Erneuerung war. Genau das war das Motiv, das ich seit meiner Jugend verfolgte. Das GNH Centre ist ganz bewusst nicht als akademische Institution aufgebaut. Das lässt uns die Freiheit, Lernende mit unterschiedlichsten Hintergründen aufzunehmen. Wir können uns darauf konzentrieren, unsere Programme so zu gestalten, dass eine echte Verwandlung möglich wird, ohne uns dabei irgendwelchen formalen Kriterien unterwerfen zu müssen.

Am ersten Wochenende nach meiner Ankunft in Thimphu, der Hauptstadt Bhutans, erhielt ich eine Einladung vom Kabinett des Ministerpräsidenten Jigmi Y. Thinley. Ich sollte ihn und seine engsten Mitarbeiter auf einem Ausflug zu einem Tempel in die Berge begleiten.

Am frühen Morgen wurde ich von einem Regierungsauto abgeholt. Wir fuhren von Thimphu aus auf einen über 3000 Meter hohen Pass. Von dort hatten wir eine wunderschöne Aussicht auf die höchsten Berge Bhutans. Dort begann auch unsere Wanderung. Alle Begleiter des Ministerpräsidenten gingen in schnellem Tempo. Das ist in Bhutan nicht ungewöhnlich, da alle Bhutaner, selbst wichtige Politiker, es gewöhnt sind, lange Strecken in den steilen Bergen zu Fuß zu gehen. Schließlich muss ein Abgeordneter alle Dörfer seines Bezirks besuchen und diese liegen oft fernab und sind nicht mit dem Auto zu erreichen – manchmal müssen die Abgeordneten sogar mehrere Tage wandern.

An diesem Tag jedoch litt ich an einer gestörten Verdauung. Auch das war kaum verwunderlich. Ich hatte die Nationalspeise Ema Datshi gegessen: Das ist Chili mit Käse, wobei die Bhutaner Chili nicht als Gewürz verwenden, sondern als Gemüse kochen und essen. Es ist also ein ziemlich scharfes Gericht, und mir fiel es zunehmend schwerer, mit den anderen Schritt zu halten. Zumal mein Körper auch noch nicht an die Höhe der Himalaya-Berge gewöhnt war.

Ich versuchte dennoch, so gut ich konnte, mitzuhalten. Nach einiger Zeit jedoch musste ich dem Ministerpräsidenten gestehen, das ich es leider nicht schaffte, so schnell wie die anderen zu gehen, und ob sie so liebenswürdig sein könnten, etwas langsamer auf den Berg zu steigen, denn ich hätte auch noch einen verstimmten Magen.

Der Ministerpräsident war sehr freundlich und voller Mitgefühl und er verlangsamte sichtlich unser Wander-Tempo. Nach einiger Zeit rief er mich zu sich und pflückte einige Blätter von einem Busch. Er rieb sie zwischen den Fingern und sie gaben einen grünen Saft ab. Der Premier sagte zu mir: »Wenn Sie mit diesem Saft Ihren Rücken eincremen, färbt sich die Haut grün. Wenn dann auf dem Rücken Kratzspuren zu sehen sind, bedeutet es, dass Ihre Krankheit von einem weiblichen Dämon verursacht ist. Dann sollten Sie einen Lama besuchen, der ein Ritual ausführt, das Sie von dem Dämon befreit. Wenn nichts zu sehen ist, dann ist es eine gewöhnliche Magenverstimmung, und jeder Arzt kann Sie behandeln.«

Ich war natürlich erstaunt, aber auch beeindruckt, dass ein Mann, der in den USA studiert hatte und als Ministerpräsident seines Landes regelmäßig in der UNO und in anderen internationalen Gremien mit den Mächtigen dieser Welt verkehrte, mit einer solchen Selbstverständlichkeit die Traditionen und den Glauben seines Volks vertrat. Ich dachte, es hinge wohl damit zusammen, dass dieses Land nie kolonisiert wurde und niemand diese Menschen »gelehrt hatte«, ihre Traditionen seien unzeitgemäßer Aberglaube. Das waren Menschen, die ungeniert in zwei Welten und Kulturen leben konnten, ohne die eigenen Traditionen zu verleugnen. Das gefiel mir. Ich fühlte mich dem sehr nahe. Hatte ich doch selbst mein Leben lang versucht, moderne wissenschaftliche

Vernunft mit kontemplativer, spiritueller Weisheit zu verbinden.

Am Ende der Wanderung schmierte ich den grünen Blättersaft natürlich nicht auf meinen Rücken. Ich ging jedoch in ein traditionelles Spital, in dem die Ärzte buddhistische Medizin praktizieren. Einer der Ärzte bestätigte mir, dass ich tatsächlich eine ganz gewöhnliche Verdauungsstörung hatte, die wohl eine Folge der ungewohnten Ernährung war. Er verschrieb mir Heilpflanzen, die mir dann auch sehr schnell halfen und den Magen wieder in Ordnung brachten.

Nachdem ich ein paar Monate in Bhutan war, lud mich der König zu einer Privataudienz zu sich ein. Ich ging in den Thimphu Dzong. Das ist der Sitz der Regierung und zugleich auch der des höchsten Lamas im Land, des Je Kempo. Im Dzong hat der König sein Büro.

Ein Kammerdiener führte mich in ein schönes Wohnzimmer. Dort wartete ich nur kurze Zeit. Dann hörte ich vom oberen Stockwerk kommend schnelle Laufschritte. Jemand jagte die Treppe hinunter. Kurz vor der Tür wurden diese Schritte mit einem Mal langsam und zeremoniell. Die Tür öffnete sich und der König trat majestätisch ein.

Er war ein großer, schlanker, sportlich und sehr gut aussehender Mann von Anfang dreißig. Der junge Monarch wirkte außerordentlich sympathisch und freundlich. In Bhutan wird er »der König der Leute« (»The King of the People«) genannt, weil er so ansprechbar und unkompliziert ist. Er ist seit jeher ein leidenschaftlicher Sportler und spielt gern und gut Basketball und Fußball.

Im Gespräch sagte er mir damals, dass Gross National Happiness die gemeinsame Identität aller Menschen seines Landes bilden sollte, und er empfahl mir, unsere Arbeit am GNH Centre besonders auf die Jugend zu konzentrieren. Er unterhielt sich auch über Leadership mit mir, und ich schenkte ihm das Buch von Thich Nhat Hanh: *The Art of Power – Die Kunst, mit Macht richtig umzugehen.* Ich war sehr bewegt, als er mir sagte: »Ich bin zwar der König, aber ich bin auch ein junger Mann: Ich brauche Anleitung und Ratschläge.« Ich fand, dass dieser Satz einen wahren Leader auszeichnete.

Diese wenigen Schilderungen geben einen kleinen Einblick in die Art und Weise, wie Bhutan mich aufgenommen hat. Wovon ich hier nicht berichte, was aber genauso wichtig war und ist, sind die vielen Wanderungen im Himalaya, die ich, sobald ich es nur kann, unternehme. Die Natur ist hier noch beseelt und jeder Mensch, der dafür ein Gefühl hat, kann dies erleben. Hinzu kommt, dass, egal wo ich in diesem Land wandere, früher oder später immer ein Tempel, eine Einsiedelei oder ein Kloster meinen Weg säumt. Auf einer unserer ersten Wanderungen kamen Lisi und ich unerwartet zu einem kleinen Tempel im Gebirge. Wir gingen hinein und wurden von sieben jungen Mönchen, alle zwischen fünfundzwanzig und achtundzwanzig Jahren alt, begrüßt. Sie erzählten uns, dass sie eine siebenjährige Meditationszeit absolvierten. Während dieser Jahre verließ keiner von ihnen den Tempel. Sie verbrachten die ganze Zeit im Gebet oder mit ihren Ritualen und übten sich in Meditation. Die Mönche hatten alle lange Haare, weil sie sich während dieser Auszeit die Haare nicht schoren. Sie wirkten fröhlich und entspannt auf uns. Es waren gesunde und freundliche junge Männer, gar nicht weltfremd oder verschroben, sondern von einem hohen Ideal erfüllt. Sie sagten uns stolz, sie wären die geistigen Leibwächter des Königs. Sie schützten den Monarchen durch ihre Gebete.

Wir haben diese jungen Mönche seither öfters besucht und

jedes Mal freuen wir uns über ihre Gastfreundschaft. Sie bieten uns traditionellen Tee mit Butter und Salz an, reichen dazu Kekse und nehmen sich, wenn sie nicht gerade beten oder meditieren, gern Zeit für ein nettes Gespräch. Wenn wir sie fragen, ob es nicht zu schwer sei, so allein und abgeschnitten von der Welt zu leben, lachen sie nur und sagen, dass ihr Leben gut und erfüllt sei.

Im ersten Kapitel schrieb ich, dass ich, als ich von der Position in Bhutan zum ersten Mal las, das Gefühl hatte, dass alles, was ich bis dahin gemacht, gelernt und erlebt hatte, mich auf diese neue Aufgabe vorbereitet hätte. Seitdem ich hier bin, bestätigt sich dieses Gefühl jeden Tag aufs Neue. Und das, obwohl mein Leben nun nicht immer leicht zu organisieren ist, da meine Kinder und Enkel in der Schweiz leben, meine Frau viel in Vietnam unterwegs ist, um sich um die Eurasia-Stiftung zu kümmern, und ich selbst natürlich auch viel reise. Denn das Interesse an GNH wächst stetig und weltweit, sodass ich fortwährend in vielen Ländern zu Vorträgen oder Diskussionen eingeladen bin, um über unsere Arbeit in Bhutan zu sprechen. Dennoch habe ich das Gefühl, dass diese Gelegenheit, in der letzten Phase meiner beruflichen Tätigkeit an dieser Pionierarbeit teilnehmen zu können, eine Schicksalsgnade ist, für die ich unendlich dankbar bin.

Im folgenden Abschnitt dieses Kapitels möchte ich einige Überlegungen zum Thema biografische Zusammenhänge anstellen, wobei ich nicht nur meine eigene Lebensgeschichte im Blick habe, sondern ganz allgemeine Zusammenhänge.

Achtsamkeit im Alltag:
Das Leben als ein Mandala

Wissenschaftlich gesehen ist ein Fraktal ein System, das ähnliche Eigenschaften in verschiedenen Dimensionen beibehält. Diesen Gedanken finden wir in vielen Traditionen und Vorstellungen: Im Mensch als Abbild Gottes oder wenn sich Mikro- und Makrokosmos entsprechen, wenn oben ist wie unten und innen wie außen, oder wenn der Geist und der Körper sich in Harmonie befinden.

Ein Mandala können wir als eine symbolische fraktale Darstellung der Wirklichkeit verstehen. Es stellt dann sowohl den Geist dar als auch den Kosmos oder irgendein System: eine Familie, eine Organisation oder die Gesellschaft.

Die Grundstruktur des Mandalas ist ein Kreis, der ein Viereck umschließt. Dieses Viereck hat vier Tore, die ins innerste Heiligtum hineinführen. Diese vier Tore symbolisieren die »vier unermesslichen Geisteshaltungen«: Das sind die unermessliche Liebe (Maitri), das unermessliche Mitgefühl (Karuna), die unermessliche Freude (Mudita) und der unermessliche Gleichmut (Upeksha). Diese Einstellungen werden »unermesslich« oder »grenzenlos« genannt, weil sie sich auf alle Lebewesen richten und weil alle Wesen das Potenzial besitzen, sie in sich hervor- und wachzurufen. Im Kapitel »*Das Glück ist machbar*« greife ich dieses Thema nochmals auf. Dort gilt der Blickwinkel dann nicht der individuellen, sondern der gesellschaftlichen Relevanz.

Unser Leben können wir als ein Mandala deuten. Obwohl es zunächst komplex und verstrickt ist, manchmal sogar chaotisch erscheint, können wir es aber gleichzeitig als grundsätzlich einfach und strukturiert erleben, wenn wir nur erst tief genug hineinschauen. Dann nämlich bemerken wir, dass alles, was geschieht, sinnvoll ist und dem entspricht, was uns unser Schicksal oder Karma auferlegen, weil wir es brauchen, um weiterzukommen.

Obwohl wir manchmal das Gefühl haben, dass uns das Leben vor unüberwindliche Prüfungen stellt, können wir trotzdem, wenn wir innerlich still werden und tief in die Wirklichkeit hineinhorchen, verstehen, dass alles ein sinnvoller Beitrag zu unserem Weg ist. Dann erkennen wir die sonst verborgene Harmonie und dann ergeben die einzelnen Teile des Puzzles zusammen auch ein fertiges Bild.

Wenn wir in das Mandala des eigenen Lebens durch die vier Tore der Liebe, des Mitgefühls, der Freude und des Gleichmuts eintreten, kommen wir dem Zentrum näher. Vom Zentrum aus gesehen, lösen sich die scheinbare Komplexität und das Chaos auf und das Mandala des eigenen Lebens wird sichtbar: Wir lernen, die Schrift der eigenen Biografie zu lesen.

Achtsamkeit im Alltag ermöglicht uns, den Geist zu beruhigen und innere Stille zu erlangen. Dann erdrücken uns nicht mehr die Reue über das Vergangene und auch nicht mehr die Furcht um die Zukunft. Dann öffnet sich uns ein innerer Freiraum, in dem wir die grundsätzliche Harmonie des Universums, von dem wir ja lediglich ein kleiner Teil sind, erkennen.

Damit das geschehen kann, genügt es nicht, sich hie und da etwas Zeit für die Meditation aus dem geschäftigen Alltag freizuschaufeln (obwohl das sicherlich wichtig ist). Es geht vielmehr darum, alle Elemente des Alltags als Gelegenheit zu erkennen, Achtsamkeit und Mitgefühl zu üben und zu lernen.

Die wichtigsten Lehren finden wir nicht in Büchern. Wir hören sie auch nicht in den Unterweisungen der Weisen. Sie kommen aus unserem eigenen Leben. Wir finden sie in den alltäglichen Begebenheiten, in der Art, wie wir unser Leben gestalten und wie wir mit unseren Mitmenschen umgehen – oder wie wir ihnen begegnen.

Wenn der Geist still im Zentrum des Mandalas ruht, ordnen sich wie von allein die vielen Elemente des eigenen Lebens zu einer kohärenten Einheit. Angenehme, unangenehme und auch neutrale Erlebnisse nehmen wir dann mit einem gewissen Gleichmut an und die bedingungslose Weisheit und Liebe des Universums erfüllen uns.

Auf der individuellen Ebene sind diese inneren Erfahrungen durchaus erreichbar, dennoch ist es eine größere Herausforderung, eine ganze Gesellschaft aus solchen Einsichten heraus zu gestalten. Es geht darum, weder unrealistisch zu sein und schwärmerischen Utopien nachzugehen, noch zynisch zu werden und sich damit abzufinden, dass unsere Gesellschaft nicht verbessert werden kann.

Es ist wichtig, bodenständig zu bleiben und den gesunden Menschenverstand nicht außer Acht zu lassen. Im Buddhismus spielt das Gleichgewicht von Mitgefühl und Weisheit eine große Rolle. Mitgefühl bedeutet, dass wir dem Leid der Welt mit offenem Herzen begegnen und anerkennen, dass es Leid gibt. Denn nur so kann man hoffen, das Leid zu lindern. Weisheit aber erlaubt uns, die Lage realistisch einzuschätzen, damit unsere Taten nicht aus Sentimentalität und Gefühlsschwärmerei heraus entstehen, sondern als Ergebnis wohldurchdachter Strategien.

Was bedeutet Glück?

*»So glücklich wie ich gibt es keinen Menschen
unter der Sonne!«*

Aus: *Hans im Glück*, Gebrüder Grimm

Diese Worte spricht Hans auf seiner Suche nach dem Glück, nachdem er auf seinem Weg Schritt für Schritt Wertvolles gegen Wertloses eintauschte: seinen Goldklumpen gegen ein Pferd, das Pferd gegen eine Kuh, die Kuh gegen ein Schwein und so weiter. Am Ende steht Hans mittellos da. Trotzdem empfindet er pures Glück.

Das Märchen lässt uns über vieles nachdenken: Was bedeutet Glück und was bringt uns Glück? Sind wir glücklicher, wenn wir möglichst viel besitzen? Oder kann »Loslassen«, wie es Hans tut, auch ein Weg zum Glück sein?

Ein Problem, dem wir begegnen, wenn wir uns mit dem Bruttonationalglück (BNG) befassen, hat mit dem Begriff des Glücks selbst zu tun. Dieses Problem taucht bereits beim eigentlichen Wort »Glück« auf. In der deutschen Sprache ist »Glück« nämlich sehr unscharf definiert. Es hat mindestens drei verschiedene Bedeutungen: Das Zufallsglück bedeutet, eine Chance zu haben. Das Wohlfühlglück bezeichnet einen vergänglichen emotionellen Zustand. Und das dauerhafte Glück ist ein Zustand oder Charakterzug, die Eigenschaft einer Persönlichkeit.

Es wird aber noch komplizierter mit dem Glück. Psychologen, Pädagogen, Theologen oder Volkswirtschaftler haben jeweils ein anderes, eigenes Verständnis von Glück. Und wenn wir die sprachliche Herkunft des Wortes betrachten, ist es interessant, dass »Glück« etymologisch im mittelhochdeutschen Wort »(ghe)lucke« dieselbe Wurzel hat wie das englische Wort »luck«. Im Mittelhochdeutschen meint »G(e)lücke« den Beschluss, die Festsetzung, die Bestimmung. Im Laufe der Zeit wendete der Begriff sich dann ins Positive und beschreibt heute »etwas, was gut ausläuft, sich gut trifft«. Seinen schicksalhaften Sinn bekam der Begriff vom altfranzösischen »destinée«. »Glück« also meint ursprünglich ein »positives Schicksal«.

Im Englischen bedeutet das Wort »happy« ursprünglich so viel wie »vom Schicksal begünstigt«. »Hap« heißt »günstige Fügung« oder auch »Chance«. Das französische »bonheur« bedeutet ursprünglich ebenfalls »von den Göttern begünstigt, etwas, das sich vermehrt«.

Daraus erkennen wir, dass unsere Ahnen Glück einst stets mit Schicksal und geistiger Fügung in Verbindung brachten.

Noch vor relativ kurzer Zeit galt »Glück« – merkwürdigerweise – akademisch als wenig seriös. Das erstaunt. Denn wir alle wissen, ohne lange darüber nachdenken zu müssen, wie wichtig Glück in unserem Leben ist. Psychologisch gesehen, könnten wir behaupten, dass das Gegenteil von Glücksempfinden die Depression ist. Depressionen sind in den entwickelten Gesellschaften der Welt eine der häufigsten Ursachen für Krankheiten.

Das mangelnde akademische Interesse an Glück hat sich jedoch in den zurückliegenden Jahren grundlegend geändert. Heute ist die Glückforschung ein weitverbreitetes Fach, sowohl in verschiedenen Disziplinen wie auch in den interdisziplinären und transdisziplinären Forschungen. Wer im Internet »Happiness Research« (Glücksforschung) in eine Suchmaschine eingibt, stößt auf Tausende von Studien.

2012 rief die UNO den 20. März eines jeden Jahres zum »International Day of Happiness« (Internationaler Tag des Glücks) aus und stellte ihn unter das Motto: »The pursuit of Happiness is a fundamental human goal« (»Das Streben nach Glück ist ein grundsätzliches Ziel der Menschheit«).

UN-Generalsekretär Ban Ki Moon erklärte dazu: Die Welt brauche ein neues Wirtschafts-Leitbild. Es müsse die drei Säulen der nachhaltigen Entwicklung gleichwertig anerkennen. Soziales, wirtschaftliches und ökologisches Wohlergehen seien untrennbar. Gemeinsam definierten sie »Brutto-Global-Glück«.

Was also meinen wir, wenn wir im Zusammenhang mit dem Begriff des Bruttonationalglücks von »Glück« sprechen? Der ehemalige Ministerpräsident Bhutans, Jigmi Y. Thinley, drückt es sehr verständlich aus:

»Wir unterscheiden klar den Begriff des Glücks im Sinne vom Bruttonationalglück von jenem eines oberflächlichen, angenehmen »feel good«-Gefühls, das nur zu oft damit identifiziert wird. Wir wissen, dass dauerhaftes, echtes Glück nicht bestehen kann, wenn andere leiden. Wir erreichen es daher nur, wenn wir anderen dienen und in Harmonie mit der Natur leben. Denn Glück entfaltet sich nur, wenn wir die uns zutiefst eigene Weisheit und unser wahres Wesen verwirklichen.«

Daraus sehen wir, dass es sich bei »Glück«, verstanden als

Bruttonationalglück, um einen Zustand von Dauer handelt, den wir erreichen, wenn wir drei fundamentale Entfremdungen überwinden:

Die Entfremdung von anderen Menschen – denn dauerhaftes, echtes Glück kann nicht bestehen, wenn andere leiden. »Es entsteht nur, wenn wir anderen dienen.«

Die Entfremdung von der Natur – denn Glück entsteht nur, »wenn wir in Harmonie mit der Natur leben«.

Die Entfremdung von uns selbst – denn Glück entfaltet sich nur, »wenn wir die uns zutiefst eigene Weisheit und unser wahres Wesen verwirklichen«.

Diese drei fundamentalen Entfremdungen der gegenwärtigen Menschheit werden im Kapitel »*Was ist Bruttonationalglück?*« vertieft und erklärt.

Die neueste Hirnforschung belegt eindeutig – und das in vollem Einklang mit traditionellem Wissen –, dass solch positive innere Eigenschaften wie Mitgefühl, Güte, Großzügigkeit oder Selbstlosigkeit als Potenzial in allen Menschen angelegt sind. Wir müssen sie nur schulen und weiterentwickeln (Tania Singer, Max-Planck-Institut, Dresden).[2] Diese Fähigkeiten stehen in direkter Verbindung mit unserem Vermögen, Glück zu empfinden. So wie jedes gesunde Kind die Fähigkeit besitzt, sprechen zu lernen. Es kann dieses vorhandene Potenzial jedoch nur nutzen, wenn Menschen mit dem Kind reden. Ganz ähnlich ist es mit unser aller Kompetenz, Glück zu empfinden. Sie ist bei jedem Menschen vorhanden. Aber es hängt von vielen äußeren Umständen ab, ob und wie wir es schaffen, dass sich diese in uns schlummernde Fähigkeit voll entfaltet.

Unter dem Gesichtspunkt des Bruttonationalglücks ist das eine wichtige Einsicht. Wir unterscheiden in diesem Zusammenhang nämlich zwei Begriffe, die sonst oft als gleichwertig gelten: Glück (Happiness) und Wohlbefinden (Well-being). Das Ziel des Bruttonationalglücks ist: eine glückliche Gesellschaft. Es zu erreichen hängt von mehreren Faktoren ab:

Zunächst haben alle Menschen gewisse Bedürfnisse, die sie erfüllen wollen und auch sollen, damit ihr Streben nach Glück überhaupt erst möglich ist. Dabei handelt es sich um elementare Bedürfnisse: Wasser, Nahrung, Kleidung, Obdach – aber auch Sicherheit und Würdigung als Mensch und Person. Diese Bedürfnisse mit unseren nur begrenzt zur Verfügung stehenden natürlichen, sozialen, wirtschaftlichen sowie kulturellen Ressourcen zu befriedigen, ist eine gesellschaftliche Aufgabe, vor der wir gemeinsam stehen.

Wenn diese Bedürfnisse erfüllt sind, sprechen wir von sozialem Wohlbefinden. Dies ist aber erst die nötige äußere Voraussetzung für ein Streben nach Glück. Glück selbst ist eine Kompetenz, die jeder von uns individuell, wir aber auch kollektiv schulen und entwickeln müssen und können.

Diese beiden Verantwortungsbereiche klar voneinander zu unterscheiden ist von zentraler Bedeutung. Andernfalls könnten wir die falsche Erwartung hegen, die Verantwortung für das Erlangen von Glück trage allein eine Regierung. Das könnte dann nämlich zu einer psychologischen Diktatur führen. Niemand jedoch soll für mich bestimmen, was mich glücklich macht. Eine Gesellschaft aber trägt die gemeinsame soziale Verantwortung dafür, ein Umfeld zu schaffen, in dem wir alle unserem berechtigten Streben nach Glück nachgehen können.

Deshalb auch sollte Erziehung nie nur intellektuelle und technische Kompetenzen fördern. Sie muss immer auch soziale und emotionale Kompetenzen lehren, die auf Praktiken wie Achtsamkeit und Mitgefühl basieren. Das sind die Grundlagen, die jedes Kind braucht, um ein glücklicher

Mensch werden zu können. Mehr dazu im Kapitel »*Brutto-nationalglück in der Praxis*« im Abschnitt zum Thema »Erziehung«.

Ein chinesisches Sprichwort sagt: »Willst du eine Stunde glücklich sein, mache ein Nickerchen. Willst du einen Tag lang glücklich sein, gehe angeln. Willst du einen Monat glücklich sein, heirate. Willst du ein ganzes Jahr glücklich sein, erbe ein Vermögen. Willst du aber dein Leben lang glücklich sein, helfe anderen Menschen.«

Was ist Bruttonationalglück?

> »*Bruttonationalglück ist wichtiger*
> *als Bruttoinlandsprodukt.*«

H.M. Jigme Singye Wangchuck,
vierter König von Bhutan

Spätestens seit Ende des Zweiten Weltkriegs messen die Ökonomen den Fortschritt einer Gesellschaft und die Entwicklung der jeweiligen Volkswirtschaften mit Hilfe des Bruttosozialprodukts (BSP), mittlerweile als Bruttonationaleinkommen (BNE) bezeichnet. Häufig nimmt man als Maßstab auch das Bruttoinlandsprodukt (BIP), das den Wert aller Güter und Dienstleistungen addiert, die in einem Land, genauer gesagt in einer Volkswirtschaft, innerhalb eines Jahres hergestellt bzw. bereitgestellt werden.[3] Wirtschafts- und Finanzexperten bewerten damit die Kraft und Leistung eines Landes. Das jeweilige BIP ist auch ein entscheidendes Kriterium bei der Vergabe von Krediten oder anderen finanziellen Hilfen durch die Weltbank oder den Internationalen Währungsfonds (IWF). Somit hat die Fixierung auf das Ergebnis einer solchen volkswirtschaftlichen Gesamtrechnung auch großen Einfluss auf die politischen Entscheidungen einer nationalen Regierung.

Dennoch: Die Messungen des BIP oder BNE sind durchaus höchst problematisch. Sie führen oft zu Zielsetzungen, die für die betroffenen Länder und deren Bevölkerung negative Konsequenzen haben. Deshalb sollten wir genauer betrachten, was das BIP wirklich erfasst, und auch, welches die hauptsächlichen Probleme einer BIP-Erhebung sind.

Schon 1968 betonte etwa Robert F. Kennedy, der Bruder des fünf Jahre zuvor ermordeten US-Präsidenten John F. Kennedy, während seines Wahlkampfs um das Amt des US-Präsidenten treffend:

»Mir scheint, wir Amerikaner trachten schon lange nicht mehr nach persönlicher Vollkommenheit und haben auch unsere Gemeinschaftswerte längst zugunsten der schieren Anhäufung materieller Werte aufgegeben. Unser Bruttosozialprodukt beträgt über 800 Milliarden Dollar pro Jahr. Es rechnet aber die Luftverschmutzung und die Zigarettenwerbung mit und zählt den Wert der Krankenwagen, deren Sanitäter das Blutbad auf unseren Autobahnen aufräumen. Es rechnet Spezialschlösser für unsere Türen ein und Gefängnisse für all jene Menschen, die unsere Türen zu Hause aufbrechen. Es rechnet die Zerstörung des Mammutbaums ein und den Verlust unserer Naturwunder durch eine chaotische Zersiedelung unserer Landschaft. Es rechnet das Napalm und die Atomsprengköpfe sowie die gepanzerten Wagen für unsere Polizei, die unsere Beamten schützen sollen, wenn sie gegen die Krawalle in unseren Städten vorgehen. Es rechnet Gewehre und Messer. Und die Fernsehprogramme, die Gewalt verherrlichen, damit wir mehr Spielzeug für unsere Kinder kaufen.

Unser Bruttosozialprodukt findet in seiner Rechnung keinen Platz für die Gesundheit unserer Kinder, die Qualität ihrer Erziehung oder ihre Freude am Spiel. Es berechnet weder die Schönheit unserer Poesie noch die Integrität und Würde unserer Amtsträger. Es misst auch nicht unsere Schlagfertigkeit noch unseren Mut, weder unsere Weisheit noch unser Lernen, weder unser Mitgefühl noch unsere Hingabe an unsere Nation.

Das Bruttosozialprodukt misst alles – nur nicht das, was das Leben lebenswert macht.«

Es ist eine radikale These. Robert F. Kennedy aber traf damit den Nagel auf den Kopf. Leider wurde der US-Politiker, kurz nachdem er dies in Worte gefasst hatte, ebenfalls umgebracht. So bleibt die Frage bis heute unbeantwortet, wie sich die Geschichte des 20. Jahrhunderts verändert hätte, wäre Robert F. Kennedy 1968 zum Präsidenten der USA gewählt worden. Denn er sprach in seinem Wahlkampf aus, was nur sehr selten und nur von wenigen Menschen so klar zum Ausdruck gebracht wird: Wer das Bruttonationaleinkommen oder Bruttoinlandsprodukt berechnet, macht dabei keinen Unterschied zwischen den positiven und negativen Konsequenzen der einzelnen Faktoren. Er oder sie beziffert jede Aktion gleichwertig, solange es eben nur eine wirtschaftliche und finanzielle Transaktion ist. Stets steigt dadurch das BIP.

Selbst wenn die wirtschaftliche Transaktion zerstörerisch ist – Krieg, die Herstellung von und der Handel mit Waffen[4], die Zerstörung der Natur, zum Beispiel durch Abholzen der Wälder, Umweltverschmutzung oder wenn unsere Gesellschaft soziale Ungleichheiten ausbügeln muss –, sind all diese negativen Faktoren in der Berechnung des BIP doch zunächst einmal gut für das Gesamtresultat.

Und da wir alle Länder mit diesem Maßstab messen, werden sie vergleichbar. Das ist, wie bereits zuvor erwähnt, maßgebend für politische Entscheidungen. Will ein Land von der Weltbank einen Kredit, muss seine Regierung belegen, dass das Bruttoinlandsprodukt gewachsen ist. Wie viel Zinsen das Land für einen solchen Kredit dann »berappen« muss, hängt ganz direkt mit seiner im BIP ausgedrückten Wirtschaftskraft zusammen. Dieser Mechanismus ist fatal. Viele Regierungen – und besonders Regierungen von Entwicklungsländern – treffen meist Entscheidungen mit dem Ziel, das BIP ihres Landes zu erhöhen, selbst wenn dies katastrophale Folgen für die Umwelt oder das Wohlergehen der Menschen im Land hat. Sie machen in Bezug auf das Bruttoinlandsprodukt also keinen Unterschied zwischen wirtschaftlichen Tätigkeiten, die Positives bewirken – wie etwa der Aufbau und Betrieb eines biologischen Bauernhofs oder die Produktion einer umweltfreundlichen Ware mit einer fairen Technologie und mit ebenso gerechter Handelspraxis –, und wirtschaftlichen Aktivitäten, die zerstörerisch sind – wie etwa die Herstellung von Waffen oder Zigaretten und Alkohol, die vielen Menschen schaden oder sie im schlimmsten Fall sogar töten.

Dies ist und bleibt ein schwerwiegendes Problem: Das BIP wertet wirtschaftliche Produktionen, die negative Wirkung haben, positiv. Hinzu kommt, dass die Berechnung des Bruttoinlandsprodukts sogenannte *negative externalities,* wie beispielsweise Umweltverschmutzung oder negative Auswirkungen auf die Gesundheit oder das Klima, oder soziale Probleme, wie Kinderarbeit oder krank machende Arbeitsbedingungen, überhaupt nicht erfasst.

Das zweite grundsätzliche Problem des BIP ist, dass es nicht misst, was wir nicht vermarkten. Nur eine Ware, die im

Verkauf landet, berechnen die Ökonomen auch später in ihrer Erfolgsbilanz einer Volkswirtschaft.

Wenn zum Beispiel ein Kind gesund und fröhlich ist, so trägt dies nicht zur Steigerung des BIP bei. Dass sich die Eltern zuvor gut um ihren Nachwuchs gekümmert und für eine richtige Ernährung sowie eine liebevolle Umgebung gesorgt haben und all dies erst die Gesundheit des Kindes begünstigt hat, zählt in der ökonomischen Rechnung des BIP nicht. Wird das Kind aber krank, muss es in ein Krankenhaus. Dort behandeln es Ärzte. Dafür müssen die Eltern die Mediziner bezahlen. Das Kind braucht vielleicht auch Medikamente. Die kosten Geld. Und die Krankenversicherung, die die Eltern zuvor abgeschlossen haben, schickt natürlich ebenfalls eine Rechnung. Die müssen die Eltern des Kinds ebenfalls bezahlen. Das alles ist gut für das BIP. Denn alles kostet Geld – also steigt das Bruttoinlandsprodukt.

Wir können somit, ohne einen Fehler zu machen, behaupten: Wirtschaftlich betrachtet, ist es gut, wenn ein Kind erkrankt. Denn für die nationale Ökonomie-Statistik ist ein krankes Kind allemal vorteilhafter als ein gesundes.

Auch wenn das jetzt vielen Lesern äußerst seltsam vorkommt, gilt das Prinzip jedoch in gleicher Weise für die Erziehung und unsere Schulen. Beides kostet natürlich Geld. Ob die Schule aber gut ist, ob die Lehrer ihre Schüler lieben, ob die Schüler Freude am Unterricht haben und dabei auch wirklich etwas lernen, das taucht nicht in der Rechnung des BIP auf.

Und das gilt ebenso für das Spiel unserer Kinder: Wir wissen aus der Entwicklungspsychologie, dass Spielen für jedes Kind eine ganz wichtige Sache ist. Extrem überspitzt behaupten manche Pädagogen sogar, zu spielen sei beinahe wichtiger für ein Kind, als in die Schule zu gehen. In der

BIP-Rechnung zählt das Kinderspiel natürlich überhaupt nicht. Es sei denn, Sie kaufen als Vater oder Mutter oder Opa, Oma, Onkel oder Tante möglichst teure Spielzeuge für Ihren Sprössling – dann erst taucht deren Preis als Wert einer Wirtschaftsleistung in der Summenkolonne der BIP-Berechner auf. Sollte Ihr Kind aber »nur« in den Wald rennen und mit Ästchen und Stöckchen, die es dort findet, irgendwelche Fantasiespiele machen, sollte es dort vielleicht Tiere beobachten oder Beeren pflücken, zählt dies nicht im Sinne der volkswirtschaftlichen Leistungssteigerung. Obwohl ein solches fantasievolles Spiel in der Natur ja doch eines der schönsten Dinge sein kann, zählt es nicht, weil es ja nichts kostet.

Wenn wir uns unser eigenes Leben als Erwachsene anschauen, entdecken wir Ähnliches: Wenn ich mich an gute Freunde wende, weil mich Sorgen drücken, und diese Freunde mir zuhören und mich ermutigen und mich wieder aufmuntern, indem sie ganz einfach für mich da sind, so ist das doch eigentlich etwas ungeheuer Wichtiges für mein Leben und mein Wohlbefinden. Es trägt nur nicht zum wirtschaftlichen Wachstum bei – und erscheint so auch nicht in der Berechnung des BIP!

Bin ich aber isoliert und sitze allein und ohne Freunde in einer Ecke, entfremdet von meiner Umwelt, sodass mir nur noch der Gang zu einem Psychologen bleibt, auf dessen Couch ich mit dem Profi-Ratgeber über meine Probleme reden kann, dann ist das so viel besser für die volkswirtschaftliche Statistik, als wenn ich meine persönlichen Freunde um Rat bitte: denn die professionellen Helfer muss ich ja zahlen. Oft ist eine solche Sitzung sogar sehr teuer. Damit sie mir 45 Minuten zuhören, zahle ich Honorar – und das ist gut für das BIP.

Diese wenigen Beispiele sollen genügen. Sie weisen das BIP als ein System aus, das, wie es Robert F. Kennedy so treffend formulierte, alles misst außer dem, was das Leben lebenswert macht.

Deshalb braucht es eine Alternative zum BIP. Es ist das in Bhutan entwickelte Bruttonationalglück (BNG) oder Gross National Happiness (GNH). Dies ist ebenfalls eine Messgröße. Aber anders als das BIP. Mit BNG oder GNH messen wir, was wirklich wichtig und gut ist für die Menschen in einem Land, einer Region, einer Stadt oder einem Dorf.

Was wir berechnen, ist aber nicht nur wichtig, es hat auch einen direkten Einfluss auf die Dinge, die uns bewusst werden. Denn darauf richten wir unsere Aufmerksamkeit. Und dies wiederum wirkt auf die Entscheidungen, die wir treffen.

Was also ist dieses Bruttonationalglück?

Es umfasst genau genommen gleich mehrere Aspekte:

Zuerst ist BNG eine Entwicklungsphilosophie: Es ist eine Weltanschauung, die neu definiert, welchen Zielen Entwicklung und Fortschritt folgen sollten. Das wichtigste Ziel ist dabei das Glück.

Dann ist BNG ebenfalls ein Gradmesser bzw. eine Messgröße, bei dem bzw. der mit statistischen Methoden nachprüfbar berechnet wird, ob wir als Gesellschaft tatsächlich in die gewünschte Richtung unterwegs sind. BNG macht uns zum einen darauf aufmerksam, wo es Unzulänglichkeiten gibt, zeigt aber auch die Erfolge auf dem Weg zum Glück.

Zugleich beschreibt BNG eine Struktur, die beispielhaft vorgibt, wie eine gute Regierung organisiert sein sollte, die das Glück der Menschen fördern will und die darauf ihr Hauptaugenmerk richtet. Diese Struktur gibt uns die Instrumente an die Hand, mit deren Hilfe wir überprüfen können, ob etwa neue Gesetzentwürfe und Projekte – zum Beispiel verschiedener Ministerien und Behörden – kompatibel mit dem durch BNG formulierten Ziel eines glücklichen Lebens der Menschen sind.

Schließlich weist uns BNG den Weg zu einem Bewusstseinswandel. Denn ohne ein wahrhaft humanes Weltbild können wir keine neue soziale oder systemische Struktur errichten, die von Dauer ist. Dieser Bewusstseinswandel spielt eine zentrale Rolle im Bruttonationalglück. Ziel ist ein Bewusstseinszustand, in dem wir uns völlig im Klaren darüber sind, dass wir als Menschen nicht nur physische, sondern auch seelische und geistige Bedürfnisse haben.

Jigmi Y. Thinley, der bis Ende 2013 Ministerpräsident von Bhutan war und einer der Vorreiter des BNG ist, fasst diese Gedanken so zusammen:

»Bruttonationalglück ist die Philosophie, die die Entwicklung Bhutans seit etwa vierzig Jahren geleitet hat. Diese Philosophie gründet auf der Überzeugung, dass Entwicklung einem Ziel dienen muss, dass sie nicht einfach nur unbegrenztem wirtschaftlichem Wachstum folgen soll, wie es das herkömmliche Entwicklungsmodell gegenwärtig tut, obwohl wir in einer begrenzten Umwelt, auf einer begrenzten Erde leben. Entwicklung findet innerhalb gewisser Grenzen statt: natürlicher, sozialer und begrenzter Ressourcen. Bruttonationalglück gründet auf der Überzeugung, dass Entwicklung menschenzentriert sein soll und dass es diese Voraussetzungen zu schaffen gilt, die dem Individuum die Möglichkeit geben, das, was ihm das Wichtigste ist, zu erreichen: Das ist Glück. Wir glauben, dass Glück ein Zustand ist, der erreicht werden kann, wenn das, was der Körper braucht, im Gleichgewicht steht mit dem, was der Geist braucht, wenn also das Geistige und das Physische ausgewogen sind. So ist Brutto-

nationalglück eine auf die Menschen zentrierte, ganzheitliche, haltbare und allumfassende Entwicklung. Heutzutage gibt es mehr und mehr Menschen, die nicht mehr zufrieden sind mit dem herrschenden Entwicklungsmodell und die Bruttonationalglück als eine Alternative entdecken.«

Warum wir Bruttonationalglück brauchen

*»Glück ist das letzte Ziel
allen menschlichen Handelns.«*

Aristoteles

In der Presseerklärung zur UN-Resolution 65/309 vom 19. Juli 2011 »Glück: auf dem Weg zu einem ganzheitlichen Konzept für Entwicklung« heißt es:

»Die Generalversammlung der Vereinten Nationen rief heute alle Mitgliedsstaaten auf, Glück und Wohlbefinden der Menschen größere Bedeutung beizumessen, wenn sie die gesellschaftlichen und ökonomischen Fortschritte ihrer Nationen beziffern.«[5]

In der Erklärung fordert die Versammlung die Länder auf, zusätzliche Kriterien auszuarbeiten, um die Bedeutung von Glück und Wohlbefinden als wichtigen Maßstab von Entwicklung zu unterstreichen, und diese in ihren nationalen Richtlinien zu verankern. Die Erklärung weist ausdrücklich darauf hin, dass »das Streben nach Glück ein Grundziel der Menschheit ist« und dem Geist der UN-Millennium Devel-

71

opment Goals entspreche. Die Staaten begrüßen ausdrücklich das Angebot Bhutans, das seit Jahren neben dem Bruttoinlandsprodukt auch das Bruttonationalglück als parallelen Maßstab zur Dokumentation seiner Entwicklungsfortschritte nutzt, in der kommenden Versammlung über seine Erfahrungen zu berichten.

Die Erklärung stellt ferner fest, dass das Bruttoinlandsprodukt »nicht geeignet ist«, Glück und Wohlbefinden der Menschen eines Landes angemessen abzubilden, und dass nicht nachhaltige Produktion und nicht nachhaltiger Konsum die Entwicklung eines Landes beeinträchtigen.

Die Menschheit am Scheideweg

Die Menschheit steht heute an einem Scheideweg. Sie harrt vor einer Schwelle. Deshalb müssen wir uns besinnen und uns fragen, was das Ziel des Fortschritts ist und welche Entwicklung wir eigentlich wünschen und wollen. Wir brauchen dringend Antworten auf unsere drängenden Fragen: Besteht das Ziel darin, die Wirtschaft bis ins Unendliche wachsen zu lassen, indem wir immer mehr produzieren, immer hemmungsloser konsumieren, Produkte einfach wegwerfen, wenn sie uns nicht mehr gefallen oder wenn sie nicht mehr up to date sind, und damit die Erde verschmutzen?

Oder sind die Wirtschaft und der Fortschritt nur Mittel zum Zweck im Dienste des Allgemeinguts? Haben sie nicht vielmehr das Ziel, allen Menschen zum Glück zu verhelfen und alle Lebensformen gedeihen zu lassen? Ist dies nicht die erste und ganz sicher auch die wichtigste Frage, die wir be-

antworten müssen, bevor wir uns mit dem Bruttonationalglück beschäftigen?

Wir müssen *jetzt* wichtige Entscheidungen treffen. Wir
sollten die Art und Weise festlegen, wie wir als Menschheit
weiterleben wollen. Es ist eine Entscheidung von schwerwie-
gender Bedeutung für unser aller Zukunft.

Ich glaube, dass wir im Moment tatsächlich noch eine
Wahl haben. Aber das Zeitfenster, das uns bleibt, um die
Richtung festzulegen, in die wir weitergehen wollen, steht
uns nicht mehr allzu lang offen. Wir haben, davon bin ich
überzeugt, nicht mehr weitere Jahrzehnte, um zu überlegen.
Heute ist die Zeit gekommen, in der wir darüber entscheiden, wie es weitergehen soll. So, wie ich das sehe, stellt sich
dabei nicht die Frage, ob die Welt und unsere Gesellschaft
sich grundlegend ändern, sondern lediglich, ob wir diesem
Wandel bewusst begegnen und bereit sind, ihn vorgreifend
selbst mitzugestalten, oder ob wir warten, bis so viel Leid
und Zerstörung auf uns zukommen, dass uns dies schlicht
dazu zwingt, unsere Lebensweise radikal zu ändern.

Während der GNH-Konferenz in New York sagte UNO-
Generalsekretär Ban Ki Moon: »*Das alte Modell ist zerbrochen. Wir müssen ein neues schaffen: Wir brauchen eine Vision für eine gerechte, menschliche Entwicklung auf einer
gesunden Erde und eine nachhaltige wirtschaftliche Dyna-
mik.*«

Worin jedoch bestehen die Entscheidungen, die wir treffen müssen?

Mir scheint, es gibt vier Hauptgebiete, auf denen wir diese Herausforderungen unserer Zeit und die Bedingungen, die
wir verändern müssen, am deutlichsten erkennen.

Otto Scharmer hat diese Herausforderungen unserer Zeit
in seinem Buch *Leading from the Emerging Future* sehr tref-

fend formuliert.[6] Wenn wir uns nachfolgend mit dem Brutto-nationalglück beschäftigen, erkennen wir die vier Krisenher-de, die unsere Gesellschaften gegenwärtig bedrohen, als ein Gegenstück zu jenen vier Säulen oder Toren, auf denen das Bruttonationalglück ruht oder durch die wir gehen, um es zu erreichen. Mit diesen vier Säulen werde ich mich im Kapitel »*Das Glück ist machbar*« ausführlich befassen.

Die ökologische Krise: Entfremdung von Mensch und Natur

»Die Erwärmung unseres Erdklimas ist unzweideutig. Seit den 1950er-Jahren beobachtet die Wissenschaft beispiello-se Veränderungen. Die Atmosphäre und die Ozeane erwär-men sich, Schnee auf den Bergen und die Eispanzer der bei-den Polkappen des Planeten schmelzen, der Pegel der Meere und die Konzentration der Treibhausgase steigen. In jedem der zurückliegenden drei Jahrzehnte kletterte die Temperatur auf der Oberfläche der Erde stärker als in allen vorangegan-genen Dekaden seit 1850. Auf der Nordhalbkugel der Erde waren die Jahre zwischen 1983 und 2012 die wärmsten seit 1400 Jahren.«[7]

Die erste Krise, von der wir sprechen, ist die ökologische. Sie manifestiert sich in vielfältiger Weise.

Ich war in den vergangenen Jahren oft in Südostasien und Asien unterwegs und erlebte dort, wie fürchterliche Taifu-ne diese Länder heimsuchten. Ein Sturm nach dem anderen zog über die Region und zerstörte viele Dörfer, Städte, Fel-der oder Fabriken. Die Verwüstung der Philippinen im Jahr 2013 war so total und dramatisch, dass die internationalen

Medien wochenlang über die Not der Menschen berichteten. Über viele der anderen Flutwellen, Tropenstürme und Naturkatastrophen dagegen berichten unsere Medien aber nur sehr selten oder gar nicht: weil sie dort schon zum Alltag gehören. Extreme Wetterkatastrophen gibt es allerdings nicht nur in Asien, seit einigen Jahren sind auch Europa und die Vereinigten Staaten mehr und mehr davon betroffen.

Das sich ändernde Klima ist jedoch nur ein Aspekt der ökologischen Krise. Auch die Luft, unser Wasser und ganz allgemein die Umwelt sind immer stärker verschmutzt. In Ländern wie China hat die Zerstörung der Natur als der Lebensgrundlage aller Pflanzen und Tiere – und natürlich auch aller Menschen – inzwischen ein Ausmaß erreicht, das für die Menschen im Reich der Mitte bald nicht mehr ertragbar sein wird: Jedes Jahr in den Wintermonaten ist die Luft vor allem in den östlichen Industriezentren Chinas derart voller Schadstoffe, dass die Menschen dort nicht mehr richtig atmen können. Viele erkranken. Die Abgase aus dem Verkehr und den Fabrikschloten summieren sich und sind regelmäßig ein Problem. Auch das Wasser ist schmutzig und nicht genießbar, die Böden sind mit giftigen Resten aus der Produktion von Waren belastet und als Äcker zum Anbau gesunder Lebensmittel ungeeignet.

Vom Anfang der Geschichte der Menschheit bis in die Siebzigerjahre des vergangenen Jahrhunderts haben wir Menschen immer weniger verbraucht und konsumiert, als uns die Erde an Rohstoffen und gesunden Grundlagen zum Leben – sauberes Wasser, reine Luft oder gesunde Böden – wieder neu zur Verfügung stellte. Doch seit den Achtzigerjahren nutzen wir mehr als das, was unser Planet zu produzieren imstande ist. Heute braucht die Erde rund achtzehn Monate, um das zu erzeugen, was die Menschen in einem einzigen Jahr an Rohstoffen aus ihr herauspressen. Das bedeutet, wir leben, als hätten wir eineinhalb Planeten zur Verfügung, die uns die gewünschten Ressourcen liefern müssen: Boden, Wasser, Luft, Nahrung oder Erze und Öl. Im übertragenen Sinn ist es so, als hätten wir bis vor Kurzem nur die Zinsen des Naturkapitals ausgegeben. Jetzt freilich vermindern wir Jahr um Jahr den Kapitalstock selbst. Jedoch: Im Gegensatz zum Finanzkapital lässt sich Naturkapital nicht einfach durch irgendwelche künstliche Manipulationen wieder auffrischen oder gar vermehren. Die geplünderte Kasse bleibt leer – unwiderruflich.

Das ist die erste und wohl zugleich größte Herausforderung: Hier stehen wir heute an einem Scheideweg. Wir werden rechtzeitig und radikal genug reagieren müssen, um diesen Trend umkehren zu können. Wenn uns dies nicht gelingen sollte, sind die Folgen unseres Nicht-Umsteuerns schon in allernächster Zukunft wohl nicht mehr zu beherrschen und auch kaum wiedergutzumachen.

Ich meine, dass die Entfremdung der Menschen von der Natur damit zusammenhängt, dass das naturwissenschaftliche Weltbild die Erde bloß als tote Materie zeichnet. Zu Atomen, Molekülen und chemischen Substanzen jedoch kann kein Mensch eine wirkliche Beziehung aufbauen. In allen alten Kulturen dagegen sahen die Menschen die Erde, die Natur und die Naturreiche stets auch als lebendige, geistige Wesen: Die Griechen verehrten Demeter (Göttin der Fruchtbarkeit, des Ackerbaus und Wachstums der Feldfrüchte), die Göttin Natura oder Gaia (Urmutter der Götter) und viele andere göttliche Wesen. Die Völker der Anden in Südamerika oder des Himalaya kannten und kennen ebenfalls ihre Naturgötter, ebenso die Menschen auf dem afrikanischen Kontinent. In den Anden etwa verehrten die Menschen Pachamama –

Mutter Erde. Die Moderne jedoch hat diese lebendige Verbindung zur Natur oftmals gekappt und sieht in ihr und den Naturreichen lediglich Waren, die wir Menschen kaufen und verkaufen, brauchen und verbrauchen, ausbeuten und zerstören können – und all das zu unserem eigenen, eng gefassten wirtschaftlichen Vorteil. Daher ist ein Wiederherstellen dieser Beziehung wichtig. Es ist damit verbunden, dass wir als Menschheit unsere lebendige Verbindung zur Natur erneuern.

Moderne Menschen meinen, sie müssten den »Aberglauben« alter Kulturen überwinden. Diese Einstellung stützte nicht zuletzt der Kolonialismus. Er spielte eine bedeutende Rolle beim Verteufeln des jeweiligen Volksglaubens und der Rituale der Naturverehrung. Er verdammte die einst lebendige Beziehung vieler Menschen zur »Mutter Erde« oder »Mutter Natur«. Ich glaube fest daran, dass wieder eine Zeit kommt, in der unsere Nachkommen auf die Art, wie wir die Welt gesehen haben, zurückschauen und den Kopf schütteln werden, weil sie sich wundern, wie naiv und kurzsichtig wir Heutigen sein konnten: dass wir unsere grundsätzliche gegenseitige Abhängigkeit von und unsere Verbindung mit allen anderen Lebensformen auf der Erde vergaßen.

Inzwischen wissen wir, dass unsere menschliche Aktivität der Hauptauslöser für den Klimawandel ist, und es ist auch durch viele wissenschaftliche Arbeiten und Studien belegt, dass der »wirtschaftliche Wachstumswahn« die ökologische Krise unmittelbar heraufbeschworen hat und sie zudem immer weiter zuspitzt. Dies zu ändern und unsere Gesellschaften sowie unsere Beziehung zu der uns umgebenden Natur wieder ins Lot zu rücken, bleibt eine der dringlichsten Aufgaben, vor der die Menschheit steht.

Die ethisch-wirtschaftliche Krise:
Entfremdung der Menschen voneinander

> *»Unsere ungeheuer produktive Wirtschaft verlangt,*
> *dass wir den Konsum zu unserem Lebensstil und den Kauf und*
> *die Nutzung von Gütern zu einem Ritual machen,*
> *dass wir unsere spirituelle Befriedigung und die Erfüllung*
> *unseres Selbst im Konsum suchen.«*
>
> Victor Lebow, amerikanischer Wirtschaftsexperte, 1955

Die Einsicht, dass unser übersteigerter Konsum und die Zerstörung unserer Umwelt einander bedingen, bildet den logischen Übergang zur zweiten Herausforderung: der Notwendigkeit, unser Wirtschaftssystem radikal neu zu gestalten.

Das gegenwärtige Finanz- und Wirtschaftssystem basiert auf der Annahme unendlichen Wachstums. Es ist darauf angewiesen. Nur: Wir leben in einer begrenzten Welt und werden trotz aller Suche im Weltall auch auf absehbare Zeit keinen zweiten von uns besiedelbaren Planeten in für uns von der Erde erreichbarer Entfernung finden. Wir müssen uns also mit den begrenzten Kapazitäten unseres Wirkens abfinden. Daher ist das Widersprüchliche unseres Handelns offensichtlich.

Alle natürlichen Wachstumsprozesse sind begrenzt. Einziges Beispiel eines grenzenlosen Wachstums in der Natur sind die Krebszellen – und die wirken tödlich auf jeden von ihnen befallenen Organismus! In ähnlicher Weise zerstört unser grenzenloses Wachstum die Existenzgrundlagen aller Lebewesen auf unserem Planeten. Der Zusammenhang zwischen ökologischer Krise und Konsumgesellschaft ist also nicht zu bestreiten: Der Lebensstil etwa der Menschen in Nordamerika gilt in vielen aufstrebenden Ländern auf der ganzen Welt als Wunschziel. Sollte die Menschheit diese Absicht aber tatsächlich verwirklichen, bräuchten wir etwa fünf bis sechs Planeten, um die nötigen Ressourcen für unseren gierigen Konsum bereitzustellen und unseren Konsumhunger zu stillen.

Hinzu kommt, dass die heutige Wirtschaft zwar einerseits sehr produktiv ist, dass die Menschen aber die Früchte dieser Effizienz unbegreiflich ungerecht verteilen. Diese unfaire Streuung der Güter oder auch des Kapitals ist offensichtlich, wenn wir die Unterschiede zwischen den sogenannten entwickelten und den Entwicklungsländern betrachten. Selbst innerhalb der reichen Gesellschaften des Nordens und des Westens gibt es zum Teil sehr große Spreizungen. Das zeigt nachdrücklich das Beispiel der Vereinigten Staaten von Amerika: Dort klafft die Kluft zwischen jenen, die genug besitzen, und denen, die am Existenzminimum darben, immer deutlicher. Um dies nur an einem Beispiel zu zeigen: Laut United States Census Bureau haben über 48 Millionen US-Bürger keine Gesundheitsversicherung. Dabei zeigt die Forschung, dass es ein unmittelbares Korrelat zwischen der Ungleichheit in einer Gesellschaft und deren sozialen Problemen gibt: Weltweit verbrauchen die reichsten 20 Prozent der Menschen etwa 80 Prozent der gesamten Ressourcen, während die ärmsten 20 Prozent nur über 1,5 Prozent dieser Güter und Rohstoffe sowie der Lebensmittel verfügen.

Wer in den Medien liest oder hört, dass weltweit täglich 22 000 Kinder aufgrund von Armut sterben, für den ist das vielleicht zunächst nur eine sehr abstrakte Zahl. Wer das, was die Zahl beschreibt, jedoch selbst und direkt erlebt hat, wie es mir auf meinen vielen Reisen für das IKRK widerfuhr, der erkennt, dass sich dahinter immer ganz konkrete menschliche Schicksale verbergen. So habe ich zum Beispiel im Ernährungszentrum des IKRK in Darfur erlebt, wie Mütter mit ihren schlimm unterernährten Säuglingen in die Lager strömten, in der Hoffnung, ihr Kind noch retten zu können. Dabei waren sie selbst schon völlig unterernährt und konnten ihren Babys und Kindern keine Muttermilch mehr schenken. Seit ich so etwas mit eigenen Augen sehen musste, ist die Armutszahl in einer Statistik für mich keine abstrakte Zahl mehr. Und leider wiederholen sich diese Einzelschicksale wieder und wieder: Es sind Millionen menschlicher Tragödien.

Während auf der Seite der Armen die Menschen darben und verhungern, gilt zugleich auf der anderen Seite Übergewicht in vielen entwickelten Ländern als eines der Hauptprobleme. In Amerika denken viele Mediziner und Psychologen seit Jahren ernsthaft darüber nach, wie sie der immer stärker grassierenden Fettleibigkeit der immer dicker werdenden Menschen entgegenwirken können. Sogar die First Lady im Weißen Haus nimmt an solchen Kampagnen gegen Übergewicht teil, um deren Wirkung mit ihrer Popularität zu verstärken.[8] So groß ist die Tragweite des Problems: Die Leute fressen sich buchstäblich zu Tode.

Gleichzeitig aber gibt es auf derselben Erde diese vielen Mütter, die ihre kleinen und durch den Hunger ausgezehrten und körperlich geschwächten Kinder nicht ernähren können. Wir alle kennen die Bilder der Kinder, die nur noch Haut und Knochen sind und uns mit großen Augen wehmütig anblicken und um Hilfe flehen! Wir sehen sie und wir leben damit, ohne uns groß Gedanken über die Kinder zu machen. Denn es sind ja nur Fotografien. Wir vermögen offenbar nicht, die Schicksale dahinter zu erkennen. Wie ist es möglich, dass wir als Menschheit eine solche Gefühlslosigkeit zeigen und solche Szenen tolerieren? Wann und wie greifen wir ein, um sie nicht mehr entstehen zu lassen?

Wie kann die Verteilung des Reichtums so ungerecht sein und immer ungerechter werden? Wie können wir so etwas akzeptieren? Wenn zukünftige Generationen uns später einmal fragen, wie wir das zulassen konnten, werden wir dann behaupten, dass wir das nicht gewusst haben? Oder werden wir so ehrlich sein und zugeben, dass wir schlicht zu passiv waren, zu gleichgültig, um etwas dagegen zu unternehmen? Können wir als Menschen wirklich leben, als wären wir völlig herzlos – ohne jegliche Anteilnahme am Los unserer Mitmenschen?

In Bhutan halte ich oft Kurse an Schulen. Da Statistiken für Kinder nicht unmittelbar anschaulich sind, erläutere ich die Zahlen, die ich den Schülern vorstellen will, gern mit folgendem Beispiel:

»Stellt euch vor, ihr veranstaltet eine Geburtstagsparty und eure Mutter hat netterweise einen Kuchen gebacken. Unter euren Geburtstagsgästen sind zehn Kinder, die ihr zur Party eingeladen habt. Für sie hat Mama einen Kuchen gebacken und in zehn gleiche Teile geschnitten, damit jedes Kind ein Stück davon essen kann. Dann jedoch grapschen die zwei schnellsten Kinder, die zudem ein klein wenig größer und stärker als die anderen sind, jedes gleich vier Stücke vom leckeren Geburtstagskuchen. Sie schieben die anderen Kinder einfach beiseite. Also stehen jetzt die übrigen acht Kinder fassungslos vor der fast leeren Kuchenplatte. Aber sechs der Kinder haben rasch verstanden, wie dieses ›Spiel‹ zu laufen scheint: Sie greifen ebenfalls schnell zu und schnappen sich die beiden übrig gebliebenen Kuchenstücke. Für die zwei kleinsten und schwächsten Kinder bleibt daher kein Kuchen mehr übrig. Sie haben überhaupt nichts mehr und müssen sich mit den Bröseln, die vielleicht noch vom Tisch fallen, begnügen.«

Wenn ich die Geschichte in einer Klasse erzähle, sind alle Kinder empört. Alle sagen recht entschieden, dass sie das bei ihrer Geburtstagsparty so natürlich niemals zulassen würden.

Kinder empfinden eben ganz spontan. Und sie beurteilen die Lage dabei meist richtig. Wir Erwachsene müssen ihnen gar nicht erst beibringen, welches Verhalten falsch und welches wünschenswert ist. Aber wir lassen das falsche Verhalten in unserem eigenen Leben, in der Gesellschaft, in der wir leben, und in der Wirtschaft, in der wir unser Geld verdienen, zu.

Das ist die zweite Entfremdung: die Trennung zwischen Mensch und Mensch.

Sie ist die zweite Schwelle, vor der wir als Menschheit stehen. Mir scheint, dass wir jegliche Beziehung zu unseren Mitmenschen verloren haben. Wir empfinden gegenüber niemandem mehr Mitgefühl. Unsere Herzen sind verschlossen. Uns erscheint es wichtiger, an einem Wirtschaftssystem teilzuhaben, das solche Verhältnisse nicht nur strukturell zulässt, sondern sie sogar selbst hervorbringt und fördert. Und jene, die diese Regeln am besten beherrschen und beherzigen, belohnt das System mit den dicksten Profiten.

Auf der ganzen Welt setzen die Menschen auf den Neoliberalismus. Diese Wirtschaftstheorie hat sich nach dem Sturz des sowjetischen Reiches und nach dem Ende der Ost-West-Konfrontation zu Beginn der 1990er-Jahre schnell über den gesamten Globus verbreitet. Jetzt sind die neoliberalen Wirtschaftswissenschaftler der Meinung, dass die Geschichte ihnen recht gegeben habe.

Daher stellt sich die Beantwortung folgender Fragen als Herausforderung an uns: Wollen wir als Menschheit weiter so leben, dass wir unsere Brüder und Schwestern völlig aus unseren Herzen ausschließen? Oder machen wir uns klar, dass diese Zustände unmittelbar mit unserer ureigenen Lebensweise zusammenhängen und wir daher auch eine Mitverantwortung für diese Auswüchse tragen?

Solange wir meinen, unser Glück hänge davon ab, dass wir mehr und mehr Gegenstände und Produkte kaufen, mehr und mehr konsumieren, nehmen wir hin, dass dafür ein wesentlicher Teil der Menschheit im Elend verharren muss. Wir müssen endlich erkennen und uns selbst eingestehen, dass unser verschwenderischer und eben nicht nachhaltiger Lebensstil ursächlich dafür ist, dass in anderen Regionen der Erde Menschen in Armut leben, hungern, erkranken oder sogar sterben.

Deswegen möchte ich nochmals betonen, dass die wirtschaftliche Krise in meinen Augen in allererster Linie eine moralische oder ethische Krise ist. Das können wir – davon bin ich überzeugt – nicht oft genug wiederholen. Es geht ja nicht so sehr darum, dass es zu wenig Nahrung und Güter auf der Welt gibt. Es geht vor allem darum, dass die Verteilung des Reichtums derart ungerecht ist, wie es zuvor beschrieben wurde.

Das jedoch ist keine Naturgegebenheit, sondern die Konsequenz unserer menschlichen Entscheidungen und Handlungen. Der Überkonsum eines Teils der Weltbevölkerung ist eine Art Suchterscheinung. Sie entsteht dadurch, dass wir kein richtiges Verhältnis mehr zur Welt besitzen. Wir haben den Bezug zur Natur verloren. Unser Verhältnis zu unseren Mitmenschen ist gestört. Vor allem aber haben wir auch kein wirkliches Verhältnis mehr zu uns selbst. Dies zu erkennen leitet uns zur dritten und gewissermaßen zentralen Entfremdung.

Die spirituell-existenzielle Krise:
Entfremdung vom eigenen Selbst

*»Niemand wird geboren, um einen anderen Menschen
zu hassen. Menschen müssen zu hassen lernen, und wenn sie zu
hassen lernen können, dann kann ihnen auch gelehrt
werden zu lieben, denn Liebe empfindet das
menschliche Herz viel natürlicher als ihr Gegenteil.«*

Nelson Mandela

Wir leben in Europa in einer säkularen Gesellschaft. Das
bringt sicher sehr positive Aspekte mit sich: beispielsweise
mehr Freiheit, größere Toleranz und mehr Autonomie für jedes Individuum. Aber für diese Emanzipation und Errungen-
schaften, die unsere Vorfahren in Jahrhunderten schrittweise
erkämpften, mussten wir Menschen auch einen sehr hohen
Preis zahlen. Wir haben weitgehend das Verhältnis zu einer
tieferen, manche sagen auch höheren, inneren Dimension des
Seins verloren und beschränken uns nun vornehmlich auf das
Erreichen eines äußeren Fortschritts.

Die Folgen sind ganz klar ersichtlich: In der entwickelten
Welt gelten Depressionen als die größte Ursache unserer Ster-
beraten. Wir verbrauchen massenhaft Antidepressiva. In den
USA stieg deren Absatz um 400 Prozent – allein in den zurückliegenden zehn Jahren.

Die Weltgesundheitsorganisation (WHO) zählt jedes Jahr
über eine Million Menschen, die Selbstmord begehen. Das
sind mehr Todesfälle als die Zahl der Menschen, die in sämt-
lichen Kriegen weltweit pro Jahr sterben müssen. Die höchsten Selbstmordraten weisen dabei nicht etwa die ärmsten
Länder auf, was wir aufgrund der dortigen widrigen Lebens-
umstände erwarten würden. Ganz im Gegenteil: Die meisten

Menschen scheiden in reichen Ländern freiwillig aus dem Leben! Das sind nur einige Symptome, die auf die tiefe existenzielle Krise verweisen, die wir heute durchleben – trotz allen materiellen Fortschritts.

Weil wir das Verhältnis zu unserem wahren Wesen und zu unserem tieferen oder höheren Sein verloren haben, versuchen wir, das dadurch entstandene innere Vakuum irgendwie wieder zu füllen. Denn viele Menschen spüren heute eine latente Frustration und grundsätzliche Unzufriedenheit mit Dingen wie Besitz oder den Produkten, die sie sich kaufen können, sogar mit ihren – leider oft aber oberflächlichen – Beziehungen. Diese Gefühle wollen sie überdecken. Das jedoch ist ein Fass ohne Boden, denn wir können durch Dinge, die wir anhäufen, diese innere Sinnlosigkeit nicht beseitigen und die Leere nicht wieder füllen. Denn Dinge, egal wie teuer oder technisch beeindruckend sie auch sein mögen, vermitteln uns ja gar keinen Sinn für unser Leben.

So bleibt die Frage, die wir uns stellen könnten, folgende: Können wir das äußere, unkontrollierte, blind gewordene Wachstum bremsen und zugleich das innere Wachstum fördern, damit wir als Menschen nicht den Kauf und die Nutzung von Gütern zu einem Ritual machen und damit unsere spirituelle Befriedigung und die Erfüllung unseres Selbst im Konsum suchen, sondern stattdessen von innen eine Erfüllung erlangen, die sich auf innere Werte und Erfahrungen wie Freundschaft, Liebe, Naturerleben, Kreativität, Kunst und Spiritualität stützt?

»Die letztendliche Quelle eines erfolgreichen Lebens oder des Glücks hängt sehr mit der inneren Qualität des Individuums zusammen. Diese Eigenschaften entstehen nicht unbedingt durch einen religiösen Glauben. Dieses Potenzial liegt in uns seit unserer Geburt. Die Frage, die sich uns allen stellt,

ist, ob wir dem genügend Aufmerksamkeit widmen oder nicht. Die eigentliche Quelle des Glücks liegt in uns selbst; wir sollen daher vermehrt nach innen schauen und unsere inneren Werte – Mitgefühl, Toleranz, liebende Güte und Frieden – fördern«, sagt uns Seine Heiligkeit der 14. Dalai Lama.

Es scheint mir wichtig, hervorzuheben, dass die Entfremdung von unseren Mitmenschen unmittelbar mit unserer Entfremdung vom eigenen Selbst zusammenhängt und dass wir dabei nicht von einer abstrakten, nur philosophischen Auffassung reden, sondern von etwas, was wir in unserem ganz konkreten Alltag umsetzen müssen.

Ich möchte hier eine Geschichte aus meinem Leben erzählen, um das deutlich zu machen:

Während meiner Zeit beim Internationalen Komitee vom Roten Kreuz war ich einmal auf einer Feldmission in einem Krisengebiet und sollte dabei auch ein Gefängnis »besuchen«. Es zählt zu den Aufgaben des IKRK zu überprüfen, ob die sogenannten Genfer Konventionen, also das humanitäre Völkerrecht, in den Haftanstalten, in Kriegsgefängnissen und in Konfliktzonen befolgt werden.

Es war dies das erste Mal, dass ich in ein Militärgefängnis ging, und somit war der Besuch sehr schockierend für mich. Der Zugang zum Gelände war mit verschiedenen Checkpoints gesichert, an denen hinter Stacheldraht Soldaten mit ihren Maschinengewehren Wache standen. Die ganze Szenerie wirkte traumatisierend. Ich wurde von zwei Kolleginnen begleitet und wir sprachen mit den Inhaftierten. Die Delegierten des IKRK haben das Recht, mit Gefangenen Einzelgespräche unter vier Augen zu führen, um herauszufinden, ob im Lager gegen die Genfer Konventionen verstoßen wird.

Ich hatte den ganzen Vormittag über solch schwierige Gespräche geführt. Wir trafen in diesem Lager Menschen im Alter zwischen vierzehn und achtzig Jahren. Alle Gefangenen warteten auf ihre Verurteilung. Das heißt, sie wussten nicht, wie lange sie noch im Lager ausharren mussten. Man hatte sie aus den unterschiedlichsten Gründen festgenommen – manche saßen schon seit Monaten in völliger Unwissenheit darüber, was mit ihnen geschehen würde, in Haft. Viele der Häftlinge waren von ihren Bewachern sogar misshandelt worden. Andere hatten nie die Gelegenheit bekommen, ihren Familien überhaupt mitzuteilen, dass sie im Gefängnis saßen. Für diese blieben sie einfach verschwunden.

Von all diesen Schicksalen zu erfahren belastete mich sehr. Einen Bericht nach dem anderen, eine Geschichte nach der anderen zu hören: Ich war sehr betrübt. Deshalb ging ich hinaus ins Freie, um mich zu erholen und um dem bedrückenden Geruch der Gefängniszellen zu entkommen.

Das Lager lag in der Wüste und es war dort naturgemäß sehr heiß. Ich suchte mir einen schattigen Platz und trank ein Glas Wasser. So versuchte ich, wieder zu mir selbst zu kommen.

Da trat ein junger Soldat auf mich zu und ich merkte, dass er mit mir reden wollte. Ich spürte, wie eine starke Antipathie in mir aufstieg. Er stand vor mir mit seinem Maschinengewehr und in seiner Uniform und ich hatte den ganzen Vormittag über zusehen müssen, wie Soldaten, wie er einer war, die Häftlinge in diesem Gefängnis behandelten. Als er mit mir sprach, fühlte ich diese Abneigung gegen ihn und seinesgleichen in mir immer stärker werden. Ich musste mich etwas überwinden, um überhaupt mit ihm ins Gespräch zu kommen. Aber er sprach weiter und erzählte alle möglichen Dinge über sich selbst und über sein Leben. Er erzählte, dass er in seiner Freizeit gern Fahrrad fahre, dass er einen ganzen Fluss entlang, von der Quelle bis zur Mündung ins Meer, mit seinem Fahrrad geradelt war. Er erzählte, dass er zu Hause eine Jugendgruppe hatte und dass er gern nach dem Militärdienst Sozialarbeiter werden wolle.

Ich merkte, er wollte mir mit all dem, was er mir berichtete, etwas mitteilen. Der Soldat suchte einen Kontakt zu mir. Ich spürte aber auch, wie schwer es für mich war, ihm zuzuhören. Ich sah zuallererst nur diese Uniform vor mir. Ich sah das Maschinengewehr. Doch auf einmal schaute mich auch ein Mensch an: intensiv – und dieser Mensch fragte mich: »Glauben Sie, dass ich böse bin?«

Das traf mich. Ich fragte ihn, wie alt er sei. Der Soldat war zwanzig Jahre alt, er war jünger als mein Sohn. Und mich ergriff der Gedanke, es könne mein Sohn sein, der da stand, und nicht jener fremde junge Mensch. Das war wie ein Weckruf für mich: In diesem Moment erwachte ich und merkte, dass ich zwar große Ideale hatte, dass ich meinem spirituellen Menschenbild folgte, aber wenn es darauf ankam, schaffte ich es nicht, wirklich den Menschen, der mir entgegentrat, zu sehen. Ich sah nur eine Uniform, ich sah ein Maschinengewehr. Das hatte bereits gereicht, um mir eine schnelle Meinung von jenem Menschen, der vor mir stand, zu bilden: Ich hatte meine Vorurteile.

Plötzlich verstand ich, dass der junge Soldat sich danach sehnte, als Mensch wahrgenommen zu werden, und ich schämte mich. Ich hatte erkannt: Es ist ja so leicht, Mitleid zu haben mit denjenigen, die wir als Unterdrückte erleben. Mir wurde in der Szene jedoch klar: Auch die Unterdrücker sind Opfer. Sie sind die Opfer eines Systems und der strukturellen Gewalt, die ich im ersten Kapitel erwähnt habe. Dieser Soldat hatte sich als zwanzigjähriger junger Mensch seine Situation nicht ausgesucht. Das System hatte ihn da hineingezwungen: Er musste Soldat sein. Er leistete dort vermutlich nur seinen Militärdienst und hatte – wie viele junge Menschen andernorts auch – in seinem Land gar keine andere Wahlmöglichkeit.

Aber ich hatte es nicht geschafft, in ihm den Menschen zu sehen, der er doch war. Das war mir eine bedeutsame Lehre. Es ist leicht, ein erhabenes Menschenbild zu vertreten oder es vor sich herzutragen und dabei stets große Ideale zu predigen. Aber wirklich den Menschen wahrzunehmen, wenn er vor uns steht, und hinter die Fassaden zu spähen, zu erkennen, welcher Mensch hinter dem Maschinengewehr und in dieser Uniform steckt, das war mir damals zunächst missglückt. Ich hatte es nicht geschafft, in Wahrheit den Menschen zu sehen und die Gewissheit zu haben: Wenn ich es ernst nehme mit dem Menschenbild, das ich verfolge und von dem ich schwärme, hat dieser Mensch auch die Fähigkeit zur Liebe, zur Weisheit.

Denn nicht nur die auf den ersten Blick »netten« Mitmenschen tragen diese tiefere Natur in sich – auch einem Soldaten müssen wir dies zugestehen. Und wenn ich imstande bin, das wahre Wesen in meinem Gegenüber zu sehen, dann ermögliche ich ihm auch, es in sich selbst zu erleben.

In diesem Augenblick wurde mir auch klar: Wenn das Schicksal nur ein bisschen anders gelaufen wäre, wäre er vielleicht hier gesessen mit einem Rotkreuz-Abzeichen und ich wäre ihm mit dem Maschinengewehr gegenübergestanden.

Worauf es mir hier ankommt, ist, aufzuzeigen, dass es nicht darum geht, ein theoretisches Welt- oder Menschenbild zu predigen, sondern darum, wie wir diesen Anspruch in unserem Alltag in die Realität umsetzen: Ich muss mir dabei stets die Frage stellen, ob ich meine Überzeugung in jeder menschlichen Begegnung ernst nehme.

Mir fiel in diesen Augenblick ein Gedicht des berühmten vietnamesischen Zen-Meisters Thich Nhat Hanh ein:

Nenne mich bei meinen wahren Namen![9]
Bitte, nenne mich bei meinem wahren Namen!
Betrachte es ganz tief:
Jede Sekunde komme ich an,
sei es als Knospe in einem Frühlingszweig
oder als winziger Vogel mit noch zarten Flügeln, der im
neuen Nest erst singen lernt.
Ich komme an als Raupe im Herzen der Blume
oder als Juwel, verborgen im Stein.
Ich komme stets gerade erst an, um zu lachen und zu
weinen,
mich zu fürchten und zu hoffen.
Der Schlag meines Herzens ist Geburt und Tod von allem,
was lebt.
Ich bin die Eintagsfliege, die an der Wasseroberfläche des
Flusses schlüpft.
Und ich bin auch der Vogel, der herabstürzt, um sie zu
schnappen.
Ich bin der Frosch, der vergnüglich im klaren Wasser eines
Teiches schwimmt.
Und ich bin die Ringelnatter, die in der Stille den Frosch
verspeist.
Ich bin das Kind aus Uganda, nur Haut und Knochen, mit
Beinchen so dünn wie Bambusstöcke. Und ich bin der Waf-
fenhändler, der todbringende Waffen nach Uganda verkauft.
Ich bin das zwölfjährige Mädchen, Flüchtling in einem
kleinen Boot, das von Piraten vergewaltigt wurde und nur
noch den Tod im Ozean sucht.
Und ich bin auch der Pirat,

mein Herz ist noch nicht fähig, zu erkennen und zu lieben.

Ich bin ein Mitglied des Politbüros mit reichlich Macht in meinen Händen.

Und ich bin der Mann, der seine Blutschuld an sein Volk zu zahlen hat und langsam in einem Arbeitslager stirbt.

Meine Freude ist wie der Frühling.

So warm, dass sie die Blumen auf der ganzen Erde erblühen lässt.

Mein Schmerz ist wie ein Tränenstrom.

So mächtig, dass er alle vier Meere ausfüllt.

Bitte, nenne mich bei meinem wahren Namen!

Damit ich all mein Weinen und Lachen zugleich hören kann.

Damit ich sehe, dass meine Freude und mein Schmerz eins sind.

Bitte, nenne mich bei meinem wahren Namen!

Damit ich erwache!

Damit das Tor meines Herzens von nun an offen steht, das Tor des Mitgefühls.

Es ist eine große, aber unbedingt notwendige Herausforderung: Gelingt es uns, unser Herz gleichzeitig so weit zu öffnen, dass wir sowohl die Opfer als auch die Täter einschließen können, ohne dabei den klaren Unterschied zwischen Gut und Böse außer Acht zu lassen?

Die Führungskrise: Die Entfremdung vom Gemeingut

Die vierte Herausforderung, vor der wir schließlich stehen, ist eine Führungskrise: ein weitverbreiteter Mangel an echtem Leadership.

Wir leben in einer Gesellschaft, in der die Denkhorizonte der meisten Politiker nur bis zu den nächsten Wahlen reichen, also vier oder fünf Jahre in die Zukunft. Und diese Denkhorizonte sind weitgehend von der Notwendigkeit bestimmt, die jeweilige Klientel zu befriedigen, sodass die Politiker genug Mittel bekommen, um auch bei den nächsten Wahlen gewinnen zu können. Politik funktioniert so ziemlich überall auf dieselbe Weise: Sie verfolgt begrenzte Sonderinteressen und das auch nur kurzfristig. Selbst langfristig gedachte Sonderinteressen sind in diesem System nicht haltbar. Die Frage, die sich stellt, ist also folgende: Welcher Antrieb verleitet uns dazu, zu führen? Welche Werte leiten uns dabei? Und welcher Zukunftsvision folgen wir als Leader?

Das gilt für ein Land, das gilt für eine Organisation, eine Schule, eine Familie.

Aus welchen Quellen schöpfen Leader ihre Inspiration, aus welchen Intentionen heraus entsteht Leadership, was verleiht ihm seine Richtung? Wie können wir als Leader der Institution, die wir lenken, eine Richtung vorgeben, die das Wohl des Ganzen befördert und nicht nur das Wohl kleiner Sonderinteressen auf kurze Zeit verfolgt?

Solange Politik nur auf Machtkampf beruht, solange sie bestimmt ist von nur kurzfristigen Sonderinteressen und solange solche Einzelinteressen im Vordergrund stehen, so lange besitzen wir auch keine wirkliche Vision dessen, was wirklich geschehen soll. Solange nationaler Egoismus im Vordergrund steht, so lange werden wir keine dauerhafte Lösung erreichen können.

Dagegen steht eine Politik, die auf der Intention beruht, das Wohlergehen aller zu fördern. Sie ist nicht nur eine Utopie, sehr ermutigende Keimzellen für eine solche Politik sind schon vorhanden. Ein Beispiel unter vielen gibt uns

John Kitzhaber: Der Gouverneur des US-Bundesstaats Oregon kam zusammen mit seiner Frau, der »First Lady of Oregon«, ins GNH Centre nach Bhutan zu einem Programm, das wir dort gemeinsam mit dem Presencing Institute[10] und der GIZ[11] veranstalteten. Beide nahmen an einem Kurs teil.[12] In der Folge hat John Kitzhaber sich entschlossen, den Genuine Progress Indicator (GPI) in seiner Heimat anzuwenden. Dieser ist ähnlich wie GNH strukturiert: Bei dem Genuine Progress Indicator handelt es sich um ein erweitertes statistisches Messinstrument, das qualitative Elemente einbezieht, um das Wohlergehen der Bevölkerung zu untersuchen. Der Gouverneur organisierte ein Treffen in den USA, zu dem zwanzig Gouverneure aus zwanzig verschiedenen US-Bundesstaaten kamen. All diese Politiker sind sich mittlerweile dessen bewusst, dass die Art, wie sie den Fortschritt ihres Staates und ihrer Regionen heute messen, unbefriedigend ist. In Zukunft wollen sie versuchen, einen anderen Weg zu gehen und dem Beispiel Bhutans zu folgen. Denn GNH hat sie ermutigt, einen solchen Versuch zu unternehmen. (Siehe zu diesem Thema auch das Kapitel »*Bruttonationalglück in der Praxis*«, Abschnitt »*Bruttonationalglück in der Politik*«.)

Ein neues Welt- und Menschenbild für eine dauerhafte Erneuerung

Diese vier nun skizzierten Herausforderungen, denen sich unsere modernen Gesellschaften und unsere Wirtschaft gegenübersehen – wobei dies in gleicher Weise für die Krisen gilt, die entstehen, wenn wir weiterwirtschaften wie bisher –, haben alle einen gemeinsamen Nenner. Die gegenwärtigen

Systeme beruhen nämlich auf einem sehr einseitigen Menschenbild: dem Homo oeconomicus.

Dieser Homo oeconomicus wird als ein rein wirtschaftlich denkender und handelnder Mensch beschrieben, der in allen Lebensbereichen eine Gewinn-und-Verlust-Rechnung aufstellt. Herz und Gefühl spielen für den Homo oeconomicus keine Rolle. Er kennt auch keine Werte, von Liebe ist bei ihm nicht die Rede. Der Homo oeconomicus ist also ein rein rationelles Wesen, das immer nur bemüht ist, den eigenen Gewinn zu steigern: Maximierung des eigenen Vorteils mit möglichst wenig Aufwand. Dieses Modell stand für alle makroökonomischen Modelle Pate.

Einer solchen Vorstellung des Menschseins entspricht in der buddhistischen Psychologie im Grunde dem, was Buddhisten die drei »Gifte des Geistes« nennen: Unwissenheit, Gier und Hass. C.G. Jung, einer der Begründer der analytischen Psychologie, nennt eine solche Haltung oder Einstellung den »Schatten« oder »Doppelgänger«. Zweifellos gibt es solche eher zerstörerischen Kräfte im Menschen. Die Frage jedoch ist, ob diese Haltung die einzige ist, die einem Menschen innewohnt, oder ob es sich nicht um die Schattenseite der menschlichen Psyche handelt – also um dasjenige, was wir in uns umzuwandeln lernen sollen.

Die Charakterisierung des Homo oeconomicus ist in der Tat zugleich eine treffende Darstellung dieses Schattens. Denn er lebt in einer grundsätzlichen Unwissenheit. Er besitzt keinerlei Selbsterkenntnis und er leidet an einer Art innerer Blindheit. Seine Beziehung zu anderen ist lediglich auf Konkurrenz aufgebaut. Ständig erforscht er: Wie kann ich dafür sorgen, dass ich die meisten Güter an mich reiße? Anders gesagt: Wie gelingt es mir, dass die anderen weniger bekommen als ich und ich so am Ende mehr besitze?

Hass und Gier sind die Seelenhaltungen, die aus einer solchen Einstellung hervorgehen. Wer so denkt, muss dauernd um sein Überleben kämpfen. Er steckt in einer Situation der Angst. Denn wenn ich aus dieser inneren Haltung heraus lebe, nehme ich zugleich auch immer an, dass alle anderen es genauso tun. Dann empfinde ich mein Leben und Wirken als Existenz in einer harten, gefährlichen Welt, in der jeder gegen jeden Krieg führt. Das aber erzeugt ständig Angst. Angst jedoch löst Gewalt aus.

Worauf es ankommt, ist nicht in erster Linie die Unterscheidung, ob der Mensch von Natur aus gut oder böse sei, und die Erkenntnis, dass wir mit dieser Gegebenheit eben leben müssen. Vielmehr geht es darum zu sehen, dass Menschsein ein Prozess ist, eine Entwicklung und ein Weg, auf dem wir in die Zukunft gehen. Mit diesem Ziel vor Augen haben alle spirituellen Traditionen ihre jeweiligen Formen von Schulungs- und von Läuterungswegen entworfen. Ihre Anhänger praktizieren meditative und kontemplative Übungen, weil Menschsein eben ein ständiger Prozess des Werdens ist, an dem jeder Mensch selbst arbeiten soll. Das kann er auch.

Wer sich selbst immer weiter vervollkommnet, für den bedeutet das, dass er oder sie noch nicht fertig ist, nur weil er oder sie als Mensch geboren wurde. Bei jedem Kind ist dies ganz offensichtlich zu erkennen: Es wächst, es muss beständig Neues lernen und will und soll das auch machen. Der Trugschluss vieler von uns ist, dass wir glauben, irgendwann einmal sei dieser Lern- und Entwicklungsprozess abgeschlossen. Aber auch als Erwachsene sind wir nicht wirklich »fertig«: Wir sind immer noch dabei, uns selbst zu gestalten.

Wir können zeit unseres Lebens unser Denken verfeinern. Wir können immer mehr Wissen und Weisheit erlangen. Das bedeutet, dass es für den Menschen möglich ist, sich selbst und die Welt immer mehr und immer besser zu verstehen. Die Welt ist nicht etwas, was uns fremd bleibt, das unverständlich bleiben muss. Und auch andere Menschen können wir im Laufe dieses Prozesses immer besser verstehen lernen. Weisheit wohnt als Keim im Menschen.

Genauso gehört Mitgefühl zur Natur des Menschen. Wir können es üben und weiterentwickeln, aber der Keim der Liebe und des Mitgefühls steckt schon in jedem von uns. Er verleiht uns den Impuls, für andere Menschen zu sorgen.

Es ist bemerkenswert, dass die gegenwärtige naturwissenschaftliche Forschung zu ganz ähnlichen Ergebnissen gekommen ist. Die Psychologin und Hirnforscherin Tania Singer zum Beispiel hat in ihren Forschungen mit Kleinkindern und Neugeborenen mittels Gehirnscans im Computertomografen nachgewiesen, dass Mitgefühl eine biologisch begründete Funktion ist, die jedem Menschen innewohnt. Wir alle werden mit sogenannten Spiegelzellen geboren. Schon ein neugeborenes Baby fühlt, was seine Mutter fühlt, oder reagiert auf seine Umwelt. Das lässt sich wissenschaftlich nachweisen. Diese Reaktionen muss kein Mensch erst ausbilden, sie sind bei jedem von Natur aus vorhanden.

Mitgefühl und andere »Tugenden« können wir weiter schulen. Das führt zu anhaltenden Veränderungen unseres Gehirns. Unser Denkorgan ist nämlich plastisch. Wir können es »trainieren« wie einen Muskel.

Diese Studien zeigen auch, dass Glück eine Kompetenz ist und wir diese daher üben und lernen können. Was aber sind diese in jedem von uns Menschen liegenden Kompetenzen, die zum Glück verhelfen? Antwort gibt uns wieder die Forschung: Sie zeigt, dass ein Mensch umso glücklicher ist, je mehr Mitgefühl er zeigt.

Schließlich widmen wir uns der Frage nach dem Willen

des Menschen, nach seiner Handlungsfähigkeit: Handeln wir selbstlos oder nehmen wir immer nur unseren eigenen Profit ins Visier? Wenn wir ehrlich sind, müssen wir zugeben, dass wir oft eigensüchtig handeln – aber wir machen das glücklicherweise doch nicht immer. Es ist möglich, selbstlos zu handeln. Jeder Mensch hat es ganz sicher schon einmal getan und wir haben es auch bei anderen Menschen bereits erlebt. Wir maximieren nicht ständig nur den eigenen Gewinn. Wir wissen, dass es möglich ist, aus Werten heraus oder einem Ideal folgend zu handeln. Und diese Fähigkeit ist universell, sie gilt für alle Menschen: Sie gilt für Christen, sie gilt für Moslems, für Buddhisten oder auch für nicht religiöse Menschen.[13] Deshalb stimmt auch die Annahme nicht, Bruttonationalglück sei nur in Bhutan möglich, weil die Menschen dort Buddhisten sind.

Es ist wichtig, dass wir uns dies klarmachen. Das gegenwärtige Wirtschaftssystem und seine Protagonisten wollen uns einflüstern, unsere Wirtschaft floriere nur unter der Annahme, dass der Mensch oder Homo oeconomicus eben ausschließlich egoistisch handle und denke. Wenn dem wirklich so wäre, dann wäre es tatsächlich schwierig oder gar unmöglich, das System zu verändern. Da dies jedoch zum Glück nicht so ist, hängt die Krise unseres Systems damit zusammen, dass wir verbreitet an ein Menschenbild glauben, das den Doppelgänger oder den Schatten als gegeben akzeptiert oder gar voraussetzt. In der Folge ist die einzige Sicherheit, nach der wir streben, die materielle: Dann basiert mein persönliches Glück in erster Linie auf meinem Reichtum oder hängt fast ausschließlich von meinem Besitz ab. Deshalb kann ich davon nie genug bekommen. Wenn ich versuche, mir Sicherheit zu verschaffen in einer kalten und menschenfeindlichen Welt, scheint dies nur über Besitz zu funktionieren. Daher bauen wir uns Systeme, die diesen falschen Grundannahmen entsprechen: Sie bestehen aus und stützen lauter Egoismen, die dann durch die Magie einer »unsichtbaren Hand des Marktes« irgendwie das Allgemeinwohl hervorzaubern.

Unsere innere Unsicherheit, die daraus entsteht, erzeugt den übertriebenen Konsum. Er wirkt wie eine Sucht und ist durchaus vergleichbar mit Alkoholismus oder Drogenkonsum. Es drängt uns Menschen, immer mehr und immer schneller zu konsumieren. Wir brauchen ständig etwas Neues. Der Wunsch wird übermächtig und nimmt kein Ende, weil wir versuchen, durch Konsum etwas zu erreichen, was kein Mensch sich durch Konsum erfüllen kann. Dieses Gefühl nimmt überhand.

Wir werden an die Geschichte des *Kleinen Prinzen* von Antoine de Saint-Exupéry erinnert, der auf seiner Reise auch auf einen Trinker traf. Der kleine Prinz sah, heißt es in der Geschichte, dem Säufer voller Wehmut zu und fragte ihn, was er da bloß mache. Der Mann blickte aber nur stur auf eine ganze Batterie leerer und einiger noch voller Flaschen. Die standen vor ihm und er antwortete: »Ich trinke.« Der kleine Prinz wollte wissen, warum. Und der Säufer sagte ihm, er wolle vergessen. »Was?«, fragte ihn da der kleine Prinz und der Säufer antwortete, er wolle vergessen, dass er sich so schäme. »Weshalb schämst du dich denn?«, wollte der kleine Prinz daraufhin vom Säufer wissen. »Weil ich saufe«, antwortete der und der kleine Prinz fand die Menschen, die er traf, »sehr wunderlich« und ging weiter.

Dieser der Erzählung innewohnende Mechanismus lähmt auch unsere Gesellschaften. Er wirkt wie ein Krebsgeschwür. Unsere Wirtschaft ist eine »Krebswirtschaft«. Sie behauptet, dass es gut sei, wenn sie unendlich wachse. Es ist eine Wirtschaft, die auf dem Prinzip einer Krankheit basiert. Sie gründet auf unendlichem Wachstum, das alles andere erstickt, wie Krebszellen alle anderen Organe erdrücken. So stranguliert unsere Wirtschaft alle anderen Ebenen der Gesellschaft. Das Geistesleben ist blockiert, das Rechtsleben eingezwängt, weil die Wirtschaft mit ihrem endlosen Wachstum alles erstickt. Unendliches Wachstum ist, das belegt die Natur, nicht möglich. Dieses Phänomen der Gier als Wirtschaftsprinzip trägt also die strukturelle Gewalt in sich. Nach der Haltung der modernen Wirtschaft müssen eben die Stärkeren gewinnen: »The winner takes it all« – der Sieger bekommt alles.

All diese Überlegungen stellen einen Versuch dar, auf bedeutende Symptome der Krisen der Gegenwart aufmerksam zu machen. Denn eine klare und eindeutige Diagnose ist die Voraussetzung für die Therapie und mögliche Heilung. In unserem Fall heißt die vorgeschlagene Medizin: Bruttonationalglück.

Aufgrund der zu Beginn des Kapitels zitierten UN-Resolution berief die Regierung Bhutans am 2. April 2012 am Hauptsitz der UNO in New York ein »high level meeting«, also ein Treffen auf höchster Ebene, ein.

Grundrecht auf Glück

*»Alles Glück der Welt begegnet uns,
wenn wir andere glücklich machen.«*

Shantideva, indischer Philosoph
und buddhistischer Meister

Am 1. April 2012 organisierte die Columbia University in New York unter der Leitung von Professor Jeffrey Sachs ein eintägiges Seminar mit über achtzig bedeutenden Forschern aus der ganzen Welt. Sie wollten und sollten eine Übersicht über die neuesten Ergebnisse der »Glücksforschung« der jüngsten Jahre erarbeiten. Grundlage waren Untersuchungen, die Institute über die Jahre weltweit durchgeführt hatten. Das war eine außergewöhnliche Tagung: Sie machte deutlich, wie viele Forschungsprojekte rund um den Globus stattfanden bzw. noch stattfinden. Unter den Teilnehmern der Veranstaltung waren Soziologen, Psychologen, Politologen, Wirtschaftswissenschaftler, Umwelt- sowie Klimaspezialisten und Gehirnforscher. Für mich war es eine eindrucksvolle Einführung in die Forschung, die mit Bruttonationalglück verbunden ist.

Es sprachen mehrere Nobelpreisträger sowie auch Dasho Karma Ura, einer der Initiatoren des GNH Index, und Jigmi Y. Thinley, der Ministerpräsident von Bhutan. Während dieses Seminars wurde mir klar, dass die Glücksforschung mittlerweile ein wissenschaftliches Feld geworden war. Es erforderte eine ganzheitliche Sicht. Sie musste die üblichen einzeldisziplinären Abgrenzungen der Fachgebiete gegeneinander überwinden. Endlich sahen die Forscher die Herausforderungen unserer Zeit nicht mehr als getrennte, singuläre Einzelaufgaben und packten die Lösung in fachübergreifender Kooperation an. In New York gingen wir sie als ganzheitliche Probleme an, die wir nur in ihrer Gesamtheit und gemeinsam lösen konnten.

In einer der Pausen stand ich ganz in der Nähe von Jigmi Y. Thinley. Ich stellte mich vor und sagte zu ihm:«Exzellenz, Sie kennen mich wahrscheinlich nicht, aber ich arbeite nun für Sie als Programmdirektor des Gross National Happiness Centre.» Er lächelte mich freundlich an und antwortete, ich sei wohl Dr. Tho, und natürlich wisse er über mich Bescheid. »Ich habe ja Ihre Bewerbung gelesen«, sagte der Ministerpräsident zu mir. »Ich hoffe, wir haben mit Ihnen die richtige Wahl getroffen, denn wir sagten einem persönlichen Freund von mir ab, um Sie anzustellen.«

Ich war natürlich überrascht und fühlte mich zugleich auch geehrt. Andererseits erschreckte es mich ein wenig, dass der Ministerpräsident sich selbst um meine Anstellung gekümmert hatte. Diesem hohen Anspruch musste ich mich nun unbedingt als würdig erweisen.

Am nächsten Tag erreichte Jigmi Y. Thinley sein Etappenziel:

Der Regierungschef im damals ersten demokratisch gewählten Parlament von Bhutan sitzt in seinen festlichen

Gho[14] gehüllt am Tisch der Vereinten Nationen. An seiner einen Seite sitzt Laura Chinchilla Miranda, die Präsidentin von Costa Rica, auf der anderen Ban Ki Moon, der Generalsekretär der UNO. Draußen fließt der East River an Manhattan vorbei. In den Straßenschluchten des Big Apple lärmt der Verkehr. Das geschäftige Treiben der Banker und Bürger New Yorks hält die quirlige Millionenmetropole in Trab. Es herrscht das tägliche Chaos: immer auf der Suche nach wirtschaftlichem Fortschritt und persönlichem Gewinn.

Im North Lawn Building begrüßt Helen Clark im Auftrag des United Nations Development Programme (UNEP) 800 Staatschefs, Diplomaten, Akademiker, spirituelle Führer und Vertreter der Zivilgesellschaft aus aller Welt. Es ist noch früh am Vormittag: Pünktlich um neun Uhr startet Neuseelands Ex-Regierungschefin die Debatte.

Ich sitze zwischen einer Zen-Meisterin und einer UNICEF-Expertin aus Korea und bin mir bewusst, an einer historischen Veranstaltung teilzunehmen.

Ban Ki Moon setzt gleich das Thema, indem er sagt: »Das alte Modell ist zerbrochen. Wir müssen ein neues erschaffen: eine Vision für eine gerechte menschliche Entwicklung, einen gesunden Planeten und ein haltbares wirtschaftliches Wachstum.«

Die Versammelten im Saal haben sich an diesem Tag viel vorgenommen. Die Politiker suchen nichts weniger als den Weg in eine bessere Welt. Sie diskutieren mit Jigmi Y. Thinley über das Experiment in dessen Heimat: »*Realising The World We All Want*«, überschrieben sie ihre Tagesordnung im UN-Headquarter. Für diese »Welt, die wir uns alle wünschen«, rückt Helen Clark zwei Tage lang Jigmi Y. Thinleys kleines Land im mächtigen Gebirge ins Zentrum der Weltpolitik. Von Bhutan nämlich sollen und wollen die anderen lernen. Denn die Menschen hinter den Bergen zeigen dem Rest der Menschheit auf dem Globus, wie diese Welt aussehen kann.

Wie die Menschen in Bhutan sich ihre Welt wünschen, erforscht alle zwei Jahre eine ganze Heerschar von Interviewern. Sie steigen auf die Berge und besuchen die Bauern und deren Familien, die dort zwischen ihren Herden auf den oft abgelegenen Gehöften leben. Hier pflanzen die Menschen auf kargen Äckern Reis, Buchweizen, Gerste, Kartoffeln oder Chili. Das scharfe Gemüse gehört in Bhutan zu den Grundnahrungsmitteln und wächst in unzähligen Sorten.

Viele Fragen haben die Demoskopen in ihrem Gepäck. Sie stehen auf dicken Listen-Bündeln und umfassen die neun Hauptgebiete des GNH Index. Mithilfe dieser Fragen sollen die vom Staat geschickten Frauen und Männer die laufenden Veränderungen der Lebensverhältnisse in Bhutan entdecken. Auf den Fragebögen notieren sie mit ihren Bleistiften, was die Menschen gut finden – und was sie lieber anders machen wollen. Die gesammelten Antworten zeichnen ein Bild davon, wie zufrieden die Menschen in Bhutan mit ihrem Leben und mit dem Fortschritt sind, der allmählich auch in den Himalaya Einzug hält. Die Erhebung dient den Politikern und Beamten als Richtschnur für die Arbeit, die sie für die Zukunft planen, aber auch als Korrektiv für Beschlüsse, die sie trafen, denn sie revidieren auch schon einmal Entscheidungen, weil die Umfragen erkennen lassen, dass eine Mehrheit der Menschen die Dinge anders sieht als diejenigen, die sie zuvor entschieden.

Der österreichische Filmemacher Harald Friedl begleitete die Fragesteller im Jahr 2012 auf ihrer Tour durch das bergige Land. Mit seiner Kamera folgte er den Demoskopen einige Wochen auf Schritt und Tritt, hielt fest, wie sie 7000

Fragebögen verteilten, wie sie die Antworten der Menschen sammelten und penibel notierten, wie Beamte der Regierung Bhutans diese später auswerteten. In einem Interview, das er vor der Premiere seines Films *What Happiness Is (Auf der Suche nach dem Glück)* im Internet veröffentlichte, zeigt sich Harald Friedl vom Vorgehen im Land hinter den Bergen angetan: »Am sympathischsten daran ist mir, dass die ganzen Fragen mit Wertediskussionen verbunden sind. So wichtig materielle Dinge und Infrastruktur auch sind, sie lassen sich in einer Wachstumsökonomie wie Bhutan durchaus erfüllen. Da ist nichts Utopisches daran. Entscheidend für das Wohlbefinden ist doch, in welchen Kontexten wir leben, wie wir familiär leben, in welchen Beziehungen und Freundeskreisen; wie wir uns psychisch fühlen; wie sicher wir uns in einem Land fühlen können und wie viel Schönheit uns die Natur jeden Tag gratis bietet; in welchen menschlichen Wertesystemen wir leben oder ob wir ständig mit unseren Werten in Konflikt geraten, mit unserer sozialen Umwelt, der Gesellschaft.«[15]

Friedl blickt auf der Grundlage seiner Erfahrung mit den Menschen in Bhutan zuversichtlich in die Zukunft: »Wenn solche Fragen einmal ganz selbstverständlich Tag für Tag in einem Land erörtert werden, ist das schon ein fortschrittliches Konzept. Man kann nur hoffen, dass die Praxis halb so gut wird, wie die Ansprüche sind.«

Dafür scheint die Zeit jetzt endlich reif: »Nie war es günstiger«, fasst Bhutans Regierungschef in einem Report für die Konferenz bei den Vereinten Nationen zusammen, »das wahre Glück der Menschen und das Wohlergehen aller Lebewesen als Ziel jeglicher Entwicklung anzustreben.« Jigmi Y. Thinley sieht, als er seinen Text für die Gemeinschaft der Völker formuliert, die positiven Signale – weltweit wächst die

Zustimmung für Bhutans Entwicklungsmodell. »Wir haben das Wissen, die Mittel und die Fähigkeit, diesen neuen Pfad zu beschreiten«, ist der Premier überzeugt.

Die Tagungsmitglieder der UNO schauen im April 2012 gebannt auf Thinley und sein kleines Land. Bhutan ist gerade einmal so groß wie die Schweiz. In den Bergen des Himalaya aber leben auf dieser Fläche nur etwa zehn Prozent der Einwohner des Alpenstaats. Mit seinen noch nicht einmal 700 000 Einwohnern gilt Bhutan dennoch nicht zufällig als Vorbild für den Aufbruch in die neue Welt. Das ganze Land ist ein einziges Labor, in dem die Bewohner üben, was dem Rest der Menschheit Glück bescheren soll. Im Schatten der weltweit höchsten Berge sammeln sie seit vielen Jahren Erfahrungen auf dem Weg in ein erfülltes Leben. Die Menschen üben einen humanen Umgang miteinander, sie suchen nach Alternativen, damit sie den angestrebten wirtschaftlichen Aufschwung nicht mit dem Verlust ihrer Traditionen und dem kulturellen Niedergang ihrer Heimat allzu teuer bezahlen. Sie hasten nicht dem kurzfristigen Erfolg hinterher. Dafür leben sie noch immer meist zu abgeschieden in den engen Tälern zwischen den Bergriesen. Natürlich streben auch die Menschen in Bhutan nach den Segnungen der Moderne: Sie telefonieren mit den neuesten Handymodellen und informieren sich über Satellitenfernsehen. Mit knapp 330 000 Mobiltelefonen, deren Zahl das Tourist Office in der Hauptstadt Thimphu als Beleg für den Fortschritt in Bhutan ausweist, besitzt rein rechnerisch schon jeder zweite Einwohner – Kinder und Greise inbegriffen – ein Handy.

Oberstes Ziel der Menschen in Bhutan aber ist ein Leben im Einklang mit der Natur, die an den meisten Orten des Landes noch intakt ist. Die Fakten malen das Bild einer heilen Welt: So wächst auf über 72 Prozent der Landesfläche Wald, die natürliche Artenvielfalt in Bhutan ist nicht nur wegen der außergewöhnlichen Topografie groß: Die Klimazonen Bhutans reichen vom tropischen Urwald im Tiefland des Südens bis zu den eisigen Gletschern und Felsgipfeln des Himalaya. Bhutan hat die größte Tigerpopulation, ist aber auch Heimat von Schneeleoparden, Bären, seltenen Vogelarten – wie zum Beispiel dem Schwarzhalskranich – oder einer Schmetterlingsart, die es außer in Bhutan nur in Sikkim gibt, dem »Bhutan tree brown butterfly« (*Lethe margaritae* Elwes)[16].

Auch die Bauern, die überwiegend noch nach alter Sitte ihre Felder bestellen, hegen darauf beispielsweise eine Reihe überlieferter Reissorten, die sonst nirgends mehr auf dem Globus gedeihen. Und die Regierung hat sich dazu verpflichtet, bis 2020 in der Landwirtschaft alle Erzeugnisse zu hundert Prozent biologisch zu produzieren.

In dieser Idylle pflegen die Menschen ihre über viele Generationen tradierte Kultur. Sie tragen ganz selbstverständlich traditionelle Gewänder. Sie feiern wie seit vielen Jahrhunderten ihre Feste mit Tanz und Musik. Und spirituelle Werte oder Gebräuche spielen in Bhutan noch eine große Rolle im Alltag. Sichtbares Zeichen dessen sind die viele Ortschaften überragenden Klosterburgen. Diese Dzongs sind Festungen. Sie sind zugleich Sitz der weltlichen sowie der geistlichen Herren. Über 2000 Klöster und Eremitagen bezeugen, wie lebendig die Religion des Vajrayana-Buddhismus im Leben der Menschen Bhutans verankert ist.

Das Motiv für das Leben in Bhutan gibt der indische Philosoph und buddhistische Meister Shantideva vor. »Alles Leid entspringt«, sagt der Weise, »wenn wir nur für uns selbst Vergnügen suchen.« Shantideva gibt daher den Rat: »Alles Glück der Welt begegnet uns, wenn wir andere glücklich machen.«

Im Buddhismus, so schreibt die deutsche Hirnforscherin Tania Singer[17] in ihrem gemeinsam mit dem dänisch-isländischen Künstler Ólafur Elíasson herausgegebenen E-Book, wurzele die Kultivierung des Mitgefühls in der Überzeugung, dass der Mensch »durch einen Wandel von der Ich-Bezogenheit zur Bezogenheit auf andere die Welt deutlicher sieht«. Diese buddhistische Grundhaltung ist wie eine »Leitplanke« für Bhutans Regierung. Die erklärt das Glück zum Staatsziel, schreibt 2008 sein Erreichen sogar in der Verfassung des Königreichs nieder: »Für die Menschen in Bhutan«, sagt Seine Exzellenz Jigme Khesar Namgyel Wangchuck, der fünfte König von Bhutan, »ist GNH die Brücke, die den Bogen schlägt zwischen unseren fundamentalen Werten wie Güte, Gleichheit und Humanität sowie der Notwendigkeit des ökonomischen Wachsens. GNH ist unser Nationalgewissen, das uns weise entscheiden lässt, damit die Zukunft besser wird.«

Ein Unterfangen, dessen Erfolge tatsächlich messbar sind: Der Transformationsindex der Bertelsmann Stiftung (BTI) lobt in seiner neuesten Ausgabe in den Kapiteln zu Bhutan ausdrücklich die aktuelle Entwicklung des Landes: dessen Aufbau demokratischer Strukturen, die Eindämmung der Korruption, die ökonomischen Fortschritte sowie die verbesserte Bildung der Einwohner oder deren medizinische Versorgung. Ähnliche Zahlen präsentiert auch der *Bhutan Living Standards Survey* der Asian Development Bank (ADB) für das Jahr 2012 in Bhutan.

Die Menschen im Himalaya-Staat wandeln auf dem Pfad zum Glück – seit ihr damaliger König, Jigme Singye Wangchuck, sie Mitte der 1970er-Jahre auf das »Bruttonationalglück« einschwor. Gross National Happiness gilt seither als Ziel, auf das sich alles konzentriert. GNH gilt den Menschen in Bhutan als staatlicher Wohlstandspegel. Zugleich ist Gross National Happiness der Wegweiser in die Zukunft.

Ganz bewusst beschritt auch Seine Majestät, der vierte König von Bhutan, seinen ganz neuen und eigenständigen Weg in die Zukunft. Als er die ersten Gedanken zu Global Happiness 1972 – und damit lange vor den ersten Globalisierungsdebatten – beschrieb, erntete der Monarch jedoch zunächst eher ein müdes Lächeln denn begeisterte Reaktionen. Jahre später noch machten sich Journalisten bei einer Pressekonferenz im indischen Mumbai über das bhutanische Glück als Staatsziel lustig – lieferten sich doch alle anderen Entwicklungsstaaten ein regelrechtes Rennen beim Übergang zum wirtschaftlichen Aufschwung. Auf die Frage, warum in Bhutan die wirtschaftliche Entwicklung so gemächlich verlaufe, konterte der König: »Bruttonationalglück ist wichtiger als Bruttoinlandsprodukt.«

Lange Zeit dümpelte der Gedanke an einen ganz anderen Entwicklungspfad, wie ihn die Menschen in Bhutan einschlagen, um ihre Fortschritte messbar zu machen, eher in der Abgeschiedenheit des Himalaya und damit recht verborgen vor sich hin. An Vorstandstischen und in Parteizentralen der Industrienationen und aufstrebenden Länder stuften Ökonomen und Politiker die exotische Idee aus dem fernen Land hinter dem Berg als idealistisch verbrämte Spielerei – vielleicht sogar als Spinnerei – ein.

Die Sackgasse jedoch, die GNH für viele Skeptiker anfangs zu sein schien – »Ohne Aussicht auf wesentlichen Erfolg!« –, erweist sich zusehends als der richtige Weg. Heute fährt Bhutan mit seinem Konzept des Bruttonationalglücks als Gradmesser für das Wohl der Menschen auf der Überholspur. Philosophen und Soziologen und inzwischen nicht wenige namhafte Ökonomen und Politiker, wie zum Beispiel der Wirtschaftsnobelpreisträger Joseph Stiglitz, zählen heute zur erklärten Fangemeinde Bhutans und der dort geprägten Gross National Happiness.

Es wundert daher nicht, dass die New Yorker Konferenz vom April 2012 den Grundstein legte für eine neue Ära in der Entwicklungszusammenarbeit: Wenn 2015 die gegenwärtige Periode der UN-Millennium Development Goals endet, heißt die kommende Vorgabe der Vereinten Nationen für die Völker der Welt – auch wenn noch längst nicht all die Ziele, die der Generalsekretär der Weltgemeinschaft um die Jahrtausendwende als Aufgaben formulierte, erreicht sind – ab 2015 ganz offiziell: Sustainable Development Goals, und diese sind unmittelbar von GNH inspiriert.

2012 erklärte die UNO den 20. März jeden Jahres zum »International Day of Happiness«. Dieser »Welt-Glückstag« soll ein Zeichen setzen und fortan alle Menschen daran erinnern, dass »Glück eines der grundlegendsten menschlichen Bedürfnisse« ist. Die Gemeinschaft der Staaten fordert in ihrer Begründung, dass wirtschaftlicher Fortschritt stets und ausschließlich an das gleichzeitige und gleichwertige Erreichen sozialer Ausgewogenheit gebunden sei und dass dies in einer intakten natürlichen Umgebung sowie unter Wahrung traditioneller Werte und der Anerkennung des überlieferten Wissens der Ahnen erfolgen sollte. Ausdrücklich nimmt die UNO dabei Bezug auf Bhutan – als Vorbild für alle anderen Nationen.

Diese Vorreiterrolle Bhutans hielten die Vereinten Nationen und das kleine Königreich in der Post-2015 Development Agenda fest: Diesen »Fahrplan zum Glück« schrieben auf der ganzen Welt angesehene Wissenschaftler und renommierte Politiker. So übernahm zum Beispiel Enrico Giovannini, der italienische Wirtschaftswissenschaftler und Ex-Chef des Istituto Nazionale di Statistica sowie spätere Arbeits- und Sozialminister der ehemaligen Regierung von Enrico Letta, die Federführung einer Arbeitsgruppe. Von ihm stammt die Erkenntnis: »Glück ist eine Kompetenz.« Sie gilt es, zu erlernen.

In Bhutan sagen die Menschen, Glück sei der Zustand, wenn Geist und Körper sich im Einklang befinden. Sie geben uns auch einen Hinweis, wie wir Glück erreichen können: mit Empathie – wenn wir anderen dienen und ihnen einfühlsam begegnen; und in Harmonie – wenn wir im Einklang mit der Natur leben und all ihren Geschöpfen respektvoll begegnen. Dann, so sagen Buddhisten auf der Grundlage ihrer Tradition, können wir unsere eigene Weisheit und unser wahres Wesen verwirklichen. Sie meinen damit freilich nicht, dass es unserer persönlichen Selbstverwirklichung diene, wenn wir Gutes vollbringen. Es geht dabei vielmehr darum, einen Raum zu schaffen, in dem wir Glück erreichen können. Das gilt für jeden, der sich mit GNH befasst: Wir müssen zuerst unsere innere Haltung ändern und das muss zunächst geübt und geschult werden.

Das meinte wohl auch Nelson Mandela. Der große südafrikanische Staatslenker und Friedensnobelpreisträger formulierte den Gedanken: »Niemand wird geboren, um einen anderen Menschen zu hassen. Menschen müssen zu hassen lernen, und wenn sie zu hassen lernen können, dann kann ihnen auch gelehrt werden zu lieben, denn Liebe empfindet das menschliche Herz viel natürlicher als ihr Gegenteil.«

Das Labor hinter den Bergen

Land der Geheimnisse

Lange zehn Jahre wartete Michel Peissel – manchmal geduldig und mitunter entnervt. Er setzte auf seine einzigartige Chance: Der 2011 verstorbene französische Ethnologe und Forschungsreisende hatte schon die ganze Welt erkundet. In Amerika entdeckte der Franzose bis 1958 noch immer unbekannte Stätten der Maya. Im Himalaya kletterte der Forscher im Gebiet des Mount Everest auf die höchsten Gipfel des Globus und auch die Weite der Ozeane lockte Peissel: Er segelte über den Atlantik.

Kein Ziel schien dem Abenteurer und Wissenschaftsautor unerreichbar, kein Ort der Erde zu unwirtlich und keine Gegend fremd – bis auf diese eine: Sein sehnlichster Wunsch, endlich auch »das letzte kartographisch noch nicht erfasste Land Asiens« zu betreten, scheiterte Jahr um Jahr immer wieder aufs Neue. »Sechsmal schon hatte ich versucht, nach Bhutan zu gelangen«, schreibt er 1970 in *Lords und Lamas*. Sein Buch erschien 1970 im Verlag des *National Geographic Magazine* und unter dem Titel *Zu Fuß durchs Mittelalter* 2001 erstmals auf Deutsch. Es eröffnet noch heute – einem

Blick durchs Schlüsselloch gleich – Einsicht in ein fremdes Land: »*Sechsmal war ich in ein Flugzeug nach Kalkutta gestiegen, hatte die Stewardess angeschaut wie einer, der diesen Planeten verlässt, hatte für Touristen nur das überlegene Lächeln eines Livingstone übrig gehabt, den Zoll mit dem Schuldbewusstsein eines Mannes passiert, der die reale Welt der Polizeikontrollen hinter sich lässt. Jedes Mal hatte ich Bhutan als ›Ziel der Reise‹ auf jenen Polizeikärtchen angegeben, die in den Flugzeugen verteilt wurden. Seit zehn Jahren war ich unterwegs nach Bhutan, und während der letzten Jahre war ich von einem sonderbaren Traum heimgesucht, dem Alptraum des Scheiterns.*«

Geheimnisvoller als die Rückseite des Mondes sei Bhutan, sagte Peissel. Selbst ein Empfehlungsschreiben, das ihm einst der in den USA lebende Bruder des Dalai Lama an den Premierminister von Bhutan mit auf den Weg gegeben habe, wirkte keine Wunder und taugte nicht als Ticket in das abgeriegelte Königreich auf dem Dach der Welt. »Bhutan blieb einsam, unbekannt«, notierte Peissel, bis er endlich – und er hat nie erfahren, warum – 1968 erhört wurde und zum ersten Mal in das Land seiner Träume reisen durfte.

Schon an Bord einer klapprigen, laut dröhnenden Douglas DC-3 tauchte er in die neue Welt ein: Die Maschine, eher für Fracht denn für den Transport von Menschen eingerichtet, war – so entnehmen wir seinen Aufzeichnungen noch heute mit einer Mischung aus Faszination und Schauder – ein Erlebnis. Der Blick aus dem Fenster ebenso. Die Maschine flog über grüne, vom Dschungel mit üppigem Grün überwucherte Hügel, über sanfte Senken und tief zwischen den Felsen eingekerbte Täler, die Fels- und Kieseltrassen durchzogen, in deren Mitte sich wie ein schimmerndes Band der Wasserlauf eines Flusses schlängelte. Die DC-3 stieg bis hinauf unter die weiß und kalt, zugleich faszinierend schön und abschreckend unwirtlichen Felsen der Gipfel des Himalaya. Die Landschaft dort unten nahm Peissel von der ersten Sekunde, in der er sie sah und noch bevor er tatsächlich seinen Fuß auf den Boden Bhutans setzte, um dort seinen ersten Erkundungsschritt zu machen, für sich gefangen.

Der Forscher war am Ziel: Mitten in einem – heute wie damals – Land voller Geheimnisse.

Als ich selbst zum ersten Mal nach Bhutan flog und von Bangkok kommend in Paro landete, hatte ich ähnliche Gefühle wie der französische Forscher. Der Anflug über die Gipfel des Himalaya ist an und für sich schon ein unvergessliches Erlebnis, das Flugzeug schwebt in einem Slalom durch die schmalen Täler zwischen den Bergriesen. Wer auf der einen Seite aus dem Flugzeug schaut, glaubt, er könne mit der ausgestreckten Hand die steilen Felder an den Hängen der Berge berühren. Wer zur anderen Seite blickt, sieht die Menschen und das Vieh am Grund der Täler so nahe, dass er jede kleine Einzelheit wahrnehmen kann. Der Flug nach Bhutan erfordert von den Passagieren der Flugzeuge viel Vertrauen in die Geschicklichkeit des Piloten; oder einen unumstößlichen Glauben an das eigene Schicksal!

Hinter mir saß ein Bhutaner, der ununterbrochen ein Mantra rezitierte: »Om Mani Peme Hum.«[18] Sein Murmeln war wohltuend und ich hoffte, seine Gebete an Chenrezig, den »Buddha des Mitgefühls«, würden erhört!

Der Anflug auf den Flughafen von Paro gilt als eine der schwersten Landungen auf der ganzen Welt. Wenn junge Piloten am Flugsimulator üben und Fliegen lernen, gilt eine Landung in Paro als Übung mit dem höchsten Schwierigkeitsgrad. In Bhutan erzählen sich die Menschen die folgende Geschichte der Reise des britischen Thronfolgers Prinz

Charles: Er besuchte vor einigen Jahren Kathmandu. Von der Hauptstadt Nepals aus wollte seine Königliche Hoheit nach Bhutan weiterreisen. Charles war standesgemäß mit einem Flugzeug der britischen Royal Air Force unterwegs. Am Steuer saßen natürlich erfahrene britische Piloten. Die Behörden in Bhutan schlugen dennoch vor, für die Reise bhutanische Piloten nach Nepal zu schicken, damit diese das Flugzeug des Prinzen sicher und unbeschadet nach Paro steuerten und dort sicher landeten. Die RAF-Piloten waren empört. Sie galten schließlich auf der ganzen Welt als gute Flugzeugführer. Die Briten lehnten das Angebot des kleinen Landes im Himalaya dankend ab. Die Bhutaner wollten nicht unhöflich erscheinen, aber sie schlugen dennoch als Kompromiss vor, das Flugzeug des Prinzen solle mindestens einmal ohne seinen prominenten Passagier einen Landeanflug auf Paro versuchen. Rein als Sicherheitscheck, denn schließlich wolle doch niemand ein Risiko eingehen. Die Briten stimmten dem Vorschlag widerwillig zu. Sie flogen ihre Maschine also ohne die königliche Fracht nach Bhutan. Dort versuchten sie eine Landung in Paro: Sie missglückte – gleich mehrere Male mussten die RAF-Piloten wieder abdrehen und mit ihrer Maschine nach einer Ehrenrunde erneut zur Landung ansetzen. Alles vergeblich. Am Ende mussten die erfahrenen Piloten der Royal Air Force zerknirscht eingestehen, dass es doch besser wäre, wenn bhutanische Piloten den Prince of Wales nach Bhutan flögen.

Wer jedoch erst einmal sicher in Bhutan gelandet ist, wird dort bereits am Flughafen von einem großen Bildnis des Königs und der Königin von Bhutan begrüßt. Das junge Paar blickt würdig von seinem Plakat. Jeder Besucher spürt und sieht sofort, dass er oder sie in ein wirklich besonderes Land gekommen ist: In Bhutan tragen die Männer Ghos und die

Frauen Kiras. Diese farbenfrohen Nationalgewänder schmücken in Bhutan sogar die Zollbeamten am Flughafen. Dieser besteht in Paro nur aus einem einzigen Gebäude und sieht eher einem Tempel gleich als einem Flughafen. Besucher empfängt Bhutan mit einem großen Schild. Darauf steht in riesigen Lettern als Begrüßung: »*Happiness is a place*« – »Glück ist ein Ort«. Der Reisende weiß: Er ist im Land des Glücks angekommen.

Bis zum heutigen Tag verblüfft das Land Reisende, Träumer oder jene, die von den Ideen seines eigenen Wegs in die wirtschaftliche und gesellschaftliche Zukunft begeistert sind. Denn in diesem Labor gedeiht die Vision, die an vielen Orten der Erde immer mehr Menschen in ihren Bann zieht, die sie begeistert und der sie nacheifern.

Eine ähnliche Faszination müssen schon 1627 die beiden portugiesischen Jesuitenpatres Estevão Cacella und João Cabral verspürt haben, als sie am 21. Februar von Cooch Behar in Richtung Paro nach Bhutan aufbrachen. Ihre Wanderung war die erste Erkundungstour durch dieses Land und zu den Menschen jenseits der indischen Grenzen. Vermutlich waren die beiden Mönche der Ordensgemeinschaft Gesellschaft Jesu die ersten Europäer überhaupt im Land hinter den Bergen, das sich damals unter der Herrschaft des Lamas und Fürsten Shabdrung Ngawang Namgyal erst zu einer richtigen Nation zusammenfand. Die Bewohner der wenigen, verstreut liegenden Bergdörfer und die buddhistischen Mönche in den Dzongs und Eremitagen nannten ihr Land damals »Lhomonkhazi«: das »Land mit den vier Tälern«, oder »Menjong«: das »Land der Heilkräuter«. Die Bhutaner nennen ihr Land in der Nationalsprache Dzongkha heute »Druk Yul«: das »Land des Donner-Drachens«.

Die beiden Mönche aus Portugal suchten das Unbekannte,

um, gemäß dem jesuitischen Auftrag, in der Fremde von anderen Menschen zu lernen – und sie zu lehren.

Shabdrung Ngawang Namgyal, zur Zeit dieses Besuchs gerade einmal 33 Jahre jung, hatte nie zuvor einen Fremden erblickt. Wohl auch keiner seiner Untertanen, notieren Cacella und Cabral in ihrem Reisetagebuch, in dem sie auch penibel die Gewohnheiten des Herrschers festhalten: »Er isst weder Fleisch noch Fisch und keinen Reis, er ernährt sich nur von Milch und Früchten.« Die Jesuitenpatres erzählen, wie der Herrscher mit sich ringe, weil er einen aufsässigen Verwandten eigentlich bestrafen müsse, da sich dieser wiederholt gegen die geltenden Regeln aufgelehnt habe. »Er würde ihm lieber die Freiheit schenken«, beschreiben die Mönche die Seelenqual des bhutanischen Herrschers, »als den Aufständischen zu bestrafen.« Und mit einer Mischung aus Verwunderung und Respekt berichten die geistlichen Weltentdecker des 17. Jahrhunderts von einer erst kurze Zeit zurückliegenden Einkehr des Fürsten. Drei Jahre, drei Monate und drei Tage hatte dieser wie ein Eremit verbracht. Er sah keinen anderen Menschen und sprach mit niemandem, während er abseits von allen Behausungen in einer kleinen Höhle über einer steilen, gut 700 Meter abfallenden Felswand ausharrte und sich sammelte. Seine Nahrung zog der Eremit in einem Korb an einem Seil aus dem Tal nach oben. Die einstige Klause lockt heute Touristen aus aller Welt an: Taktshang, oder das »Tigernest«, ist eine der Attraktionen Bhutans. Auf über 3000 Metern Höhe gelegen, gerät der Weg hinauf zur Herausforderung an die sportlichen Qualitäten eines jeden Besuchers. Die Neugierigen müssen den Steig zu Fuß erklimmen und können dabei erahnen, welche Strapazen Shabdrung Ngawang Namgyal vor fast 400 Jahren auf sich nahm, um in der Einsamkeit und Stille zu sich selbst zu finden. Er wollte sich klar werden über die Aufgaben, die vor ihm lagen.

Den vierten König des Landes, Jigme Singye Wangchuck, der heute als der Vater des Begriffs »Bruttonationalglück« gilt, halten die meisten Bhutaner für die Wiedergeburt Shabdrung Ngawang Namgyals. Sie glauben, dass in seiner Person der Staatsgründer von einst im 20. Jahrhundert nach Bhutan zurückgekommen sei, um das Land in die Zukunft zu geleiten.

Für alle jungen Mönche, die an der buddhistischen Universität von Tango, gelegen vor den Toren Thimphus, das Äquivalent eines Masterstudiums in buddhistischen Studien absolvieren und erfolgreich ihre Prüfungen ablegen, ist es auch heute noch üblich, sich nach dieser Studienzeit für drei Jahre, drei Monate und drei Tage in eine strenge und einsame Klausur zurückzuziehen. Dabei wollen die jungen Mönche das, was sie theoretisch im Studium gelernt haben, als meditative Erfahrung in völliger Abgeschiedenheit unmittelbar erleben. Als im Frühjahr 2014 eine Gruppe von etwa vierzig Absolventen der Tango Universität in einer Prozession zum Meditationskloster Chagri zog, war ich an diesem Tag zufällig zugegen, weil ich dorthin einen Ausflug machte. Ich hatte also die wunderbare Gelegenheit, mit einigen dieser Mönche zu sprechen. Ich war nicht wenig erstaunt, mit welcher Begeisterung und Freude sie diesen Jahren der meditativen Einsamkeit entgegengingen. Darauf hatten sie jahrelang gewartet und sich innerlich darauf vorbereitet. Alle, so schien es mir, erblickten und erkannten in dieser Zeit der vor ihnen liegenden Meditation die Krönung ihres Studiums.

Solche Sonderheiten bestimmen nicht nur Bhutans Geschichte. Sie ziehen sich bis in die Jetztzeit. Bhutan ist unter den nach Anschluss an die Moderne strebenden Nationen der Welt so ziemlich die einzige Nation, deren Regierungssystem inzwischen durchaus auch westlich beeinflusste Wissenschaftler und Politiker mit Aufmerksamkeit und mitunter mit viel Wohlwollen und durchaus mit Achtung betrachten. Sie anerkennen die Wandlung des Landes. Die politische Kaste Bhutans ist nicht als despotisch bekannt. Im Gegenteil: Der König selbst war und sein junger Nachfolger ist bis heute die treibende Kraft, die das Land in eine konstitutionelle Monarchie mit demokratischen Parteien wandelt. Die Monarchen nehmen ihre Aufgabe dabei sehr ernst. Nachdem die Menschen im Land 2007 die von einer Versammlung ausgearbeitete Verfassung in einer Abstimmung akzeptierten, bereitete der Monarch sein Volk in Schulungen gewissenhaft auf demokratische Spielregeln und Wahlen vor. Er ließ den Urnengang mit einer Probeabstimmung zunächst einüben, ehe 2008 die erste freie Parlamentswahl in Bhutan tatsächlich ein neues Zeitalter einläutete.

Bhutan ist auch in diesem Wandel vom Feudalstaat mit Leibeigenen zur Demokratie vorbildlich: Hier »klebt« der oberste Repräsentant des Staats nicht an seinem Thron. Das Beispiel Jigme Singye Wangchucks kann vielen Staatschefs als Vorbild dienen. Der Ex-König Bhutans dankte ohne Not ab und übertrug die Verantwortung für sein Land und die Menschen an seinen damals jungen Sohn. Ich hatte die Gelegenheit, mit Würdenträgern aus Bhutan zu sprechen, die anwesend waren, als der vierte König 2005 seinen engsten Mitarbeitern seinen Entschluss abzudanken mitteilte. Er wollte seinen Sohn krönen, damit dieser den demokratischen Übergang lenke. Viele der anwesenden Minister weinten während der Ansprache ihres Königs und flehten den Monarchen an, seine Meinung doch noch einmal zu überdenken und auf dem Thron zu bleiben. Jigme Singye Wangchuck war damals erst fünfzig Jahre alt. Der König wurde von all seinen Untertanen sehr verehrt, er war beliebt. Aber er blieb fest entschlossen, seinen Platz für seinen Sohn zu räumen. Er sagte: »Ihr sagt, dass ich ein guter König bin. Wer weiß aber, wie spätere Könige sein werden? Wenn ein schlechter König erst einmal absolute Macht besitzt, kann dies zur Katastrophe für ein Land gereichen.«

Es könnte sein, dass sich König Jigme Singye Wangchuck auch dessen bewusst war, dass einer der Gründe für den Einmarsch der Chinesen im Nachbarland Tibet im Jahr 1959 war, das tibetische Volk so von der Feudalherrschaft und Unterdrückung zu befreien.

Mit seiner Abdankung setzte Bhutans König jedenfalls ein deutlich sichtbares Zeichen: Er hatte seinem Land mit der Vision des Gross-National-Happiness-Entwicklungspfads die wichtigen Weichen für den Weg in die Zukunft gestellt – dann überließ er anderen die Führung. Mehr zu dieser königlichen Vision im nächsten Abschnitt dieses Kapitels.

Manch ein sich an der Macht festklammernder Despot in einem Entwicklungsland, aber auch mancher Parteifunktionär in einer Industrienation tut sich mit einer nur annähernd ähnlich weisen Entscheidung bis heute sichtlich schwerer. Allzu viele Politiker verfallen während der Zeit, in der sie an Entscheidungen mitwirken – oder auch nur das Gefühl haben, den Lauf der Welt mitzudirigieren –, jenen Allmachtsphantasien, die sie in einer Art von Bunkermentalität gefangen halten: Sie verlieren den Kontakt zu jenen Menschen, für die sie eigentlich da sein woll(t)en. Je länger sie Teil einer (Macht-)Elite sind, desto elitärer verhalten sie sich und desto selbstsüchtiger zeigen sie sich. Vom Weisen, der nach dem Ideal der antiken Philosophen sowie jenem des Buddha die Regierungsgeschäfte lenken soll, sind sie weit entfernt.

Der vierte König Bhutans hat sich, seitdem er die Macht abgab, aus der Öffentlichkeit ganz zurückgezogen. Er lebt heute in einem einfachen Holzhaus außerhalb von Thimphu. Die Menschen in Bhutan können ihn öfters, in seinen traditionellen Gho gekleidet, auf einem Fahrrad über die Bergstraßen radeln sehen. So wurde der König nach seinem freiwilligen Rücktritt auch ein Symbol buddhistischer Bescheidenheit.

Politische Führung ist in Bhutan seit der Zeit Shabdrung Ngawang Namgyals von den Werten und der Kultur des Buddhismus geleitet. Buddhistische Traditionen bieten den Menschen im Alltag Halt und Orientierung. Daher war auch GNH, als der König seine Vision in die Tat umzusetzen begann, nie »aufgepfropft«. Es war sicher auch nichts Fremdes für die Bhutaner. Schon im Jahr 1675 formulierte ein buddhistisches Äquivalent des Gesellschaftsvertrags, dass das Glück aller Lebewesen und die Lehre des Buddha wie eine Einheit seien und zusammengehörten. Auch ein Rechtskodex von 1729 forderte, dass Gesetze das Glück aller Lebewesen fördern müssten, und die buddhistische Geisteswissenschaft lehrt bis heute, wie Menschen lernen können, Gefühle und Emotionen zu lenken und sie richtig einzusetzen. Ein Großteil der traditionellen Erziehung beschäftigt sich seit jeher damit, zu lehren, wie wir Menschen unseren Geist so meistern können, dass wir das Glück aller Wesen vermehren. Diese Tradition erklärt, warum in Bhutan ein alternatives, ganzheitliches Entwicklungsmodell, das Glück zum Ziel allen Fortschritts ausruft, von den Menschen leichter verstanden und eher akzeptiert werden konnte.

So ist es für die Bhutaner zum Beispiel selbstverständlich, dass in diesem Land, dessen Haupteinnahmequelle die Stromproduktion durch die unermessliche Wasserkraft der vom Himalaya herabstürzenden Flüsse bzw. der Stromexport an die aufstrebenden Nachbarn in Indien darstellt, vor allem auch der Fremdenverkehr als Devisenbringer gilt. Die Menschen in Bhutan akzeptieren dennoch widerspruchslos, dass die Berge und Gipfel nicht unter die Stiefel der Bergsteiger-Gruppen geraten dürfen. So blieb der Gangkhar Puensum als zweithöchste Erhebung des Landes bis heute unbestiegen. Die Gläubigen unter den Buddhisten betrachten die Spitzen der Berge als Wohnsitz der Geister und Götter. Solch heilige Orte sollen Menschen nicht entweihen.

Ohne Zweifel beeinflusst eine solche Tradition auch den Schutz und Erhalt der grandiosen Landschaft Bhutans. Geprägt von grundsätzlich verschiedenen Zonen – vom Ganges-Tiefland im Süden über das Hauptsiedlungsgebiet, das auf eine Höhe zwischen 2000 und 3000 Meter ansteigt, bis hinauf zu den über 7500 Meter hohen Himalaya-Gipfeln – ist Bhutan noch immer zu 72 Prozent bewaldet. Durch diesen ausgedehnten Forst und über die Hänge streifen ungestört die Tiere. Die Jagd ist in Bhutan stark reglementiert. Alle Kreaturen nämlich – ob Tiere oder Pflanzen – werden von den Menschen mit großem Respekt behandelt.

Das schafft mitunter durchaus Probleme: Wenn die Elefanten aus dem Dschungel des Tieflands über die Felder der Reis-Bauern stampfen, sind die Menschen natürlich entsetzt. Sie beklagen Ernteverluste. »Vielen geht auf die Nerven, dass sie die vielen Wildschweine, die ihre Felder verwüsten, nicht abschießen dürfen«, weiß der österreichische Filmemacher Harald Friedl zu berichten. Wie bereits im Kapitel »Grundrecht auf Glück« erwähnt, bereiste er Bhutan bei seinen Dreharbeiten über die regelmäßig stattfindende GNH-Erhebung und sprach dabei mit vielen Bewohnern auch auf den recht entlegenen Gehöften. Dort traf Friedl auf Bauern, die sich vor Elefanten fürchten, weil die Kolosse in ihre Hütten und Häuser einbrechen und die Stuben verwüsten. Dennoch entdeckte der Filmemacher ein intaktes Land und kam zu dem Schluss: »Darauf sind die Menschen stolz.«

Dabei ging der Wandel Bhutans vom »Mittelalter« in die Moderne in enorm kurzer Zeit vonstatten: In Thimphu etwa gibt es ein Geschäft mit dem schlichten Namen »Shop No. 1«. Der Grund dafür: Es war einst der allererste Laden in Bhutan, der jemals eröffnet wurde. Dieses wahrlich historische Ereignis datiert freilich aus den Siebzigerjahren des vergangenen Jahrhunderts – liegt also gerade einmal etwa vierzig Jahre zurück. Davor kauften die Menschen in Bhutan, wenn sie Waren brauchten, nur auf Märkten. Oder sie tauschten fremde Waren gegen eigene ein.

Erst der dritte König brachte das erste Auto nach Bhutan. Das war in den Sechzigerjahren. Mir wurde erzählt, dass Träger den in Einzelteile zerlegten Wagen aus Indien durch den Dschungel ins Land schleppten. In Thimphu bauten sie das Fahrzeug wieder zusammen und der König fuhr damit von Thimphu nach Paro. Eine andere Straße gab es damals in Bhutan nämlich noch gar nicht. Als der Monarch in Paro ankam, versammelten sich die Menschen, um ihren König zu begrüßen. Weil sie gehört hatten, dass er jetzt eine neue Kutsche habe, brachten viele Wasser und Heu mit, denn niemand konnte sich damals vorstellen, dass sich eine Kutsche ohne Pferde bewegen ließ.

Derzeit plant die Regierung Bhutans, ihren Fuhrpark nach und nach auf Autos mit reinem Elektroantrieb umzustellen. Sie begann bereits damit, die Regierungswagen auszutauschen. Ein bhutanischer Wissenschaftler entwarf ein neues, elektrisches Automodell, das er an die besondere Topografie des Himalaya-Landes anpasste. Diese Fahrzeuge stellt Bhutan in Kooperation mit dem japanischen Konzern Nissan im eigenen Land her. Der Name des Modells lautet »Thunder«. Der vierte und der fünfte König waren die ersten Menschen im Land, die sich elektrische Autos gekauft haben. Kurze Zeit später folgte ihnen der Ministerpräsident.

In Bhutan – auch das ist eine Besonderheit, die das Land von den meisten anderen Ländern der Erde unterscheidet – geht die Erbfolge von den Müttern auf die Töchter über. Weil dies sowohl den Grund- wie auch den Immobilienbesitz betrifft, zieht, wenn ein junges Paar heiratet, der Mann bei der Familie der Braut ein. In den allermeisten Ländern Asiens ist das genau umgekehrt. In Bhutan gibt es auch keinen Familiennamen. Jeder Mensch trägt zwei persönliche Namen, die ihm ein Lama bei der Geburt gab. Die Zugehörigkeit zu einer Familie kann also niemand vom Namen ableiten. Ich glaube, dieses Matriarchat erklärt, warum in Bhutan die Sexualmoral recht locker ist. In patriarchalischen Gesellschaften, in denen das Erbrecht den Übergang des Besitzes vom Vater zum Sohn festlegt, ist es gesellschaftlich viel wichtiger, die Keuschheit der Frauen zu sichern. Denn nur dann kann sich ein Mann ganz sicher sein, dass er wirklich der Vater seiner Kinder ist. Bei einer Frau ist dies naturgemäß ganz anders. Selbst wenn eine Mutter nicht mit Bestimmtheit sagen kann, wer der Vater ihres Kindes ist, weiß sie doch immer mit Sicherheit, dass es sich bei ihrer Tochter um ihr eigenes Kind handelt. Daher stellt sich ihr die Frage, ob sie im Erbfall möglicherweise Fremden zu einem Vorteil verhilft, selbstverständlich nicht.

Hinzu kommt, dass im Vajrayana-Buddhismus Sexualität überhaupt nicht mit irgendeinem Tabu behaftet ist. Die Menschen in Bhutan kennen viele Geschichten über Drukpa Kunley. Er ist in Bhutan ein hochverehrter buddhistischer Meister – und zugleich auch ein »heiliger Narr«. All die vielen Geschichten über Drukpa Kunley drehen sich um seine sprichwörtlich unendliche sexuelle Energie. Er bezeichnete sie als Weg zur Erleuchtung. So staunen unwissende Besucher, die erstmals nach Bhutan kommen, nicht selten über die an die Wände vieler Häuser gemalten großen und bunten Penisse. Die Phallus-Symbole sollen böse Geister vertreiben, Glück bescheren sowie an den beliebten »heiligen Narren« erinnern.

Es liegt gar nicht lange zurück, da gab es im Land hinter den Bergen des Himalaya noch gar keine offizielle Zeremonie für eine Eheschließung und auch keinen rechtlichen Rahmen. Das heißt jetzt nicht, dass es keine Familien gegeben hätte, aber sie waren nicht so rituell oder rechtlich formal, wie wir sie hier im Westen kennen. Im Osten von Bhutan gibt es bis zum heutigen Tag noch die Tradition des »Night Hunting«. Bei dieser »Nachtjagd« klettert ein junger Mann, wenn ein Paar Gefallen aneinander findet, durchs Fenster seiner Auserwählten und verbringt die Nacht mit der jungen Frau. Als ich einen bhutanischen Freund fragte, wie er dann wisse, ob ein Paar verheiratet sei oder nicht, antwortete er sichtlich erfreut, aber wohl nicht ganz von ungefähr: »Wenn der Junge zum Frühstück bleibt, dann – sagen wir hier in Bhutan – ist die Sache ernst.«

Eine königliche Vision

»Es muss auch anders gehen«, mag sich der damals junge König Bhutans, Jigme Singye Wangchuck, vor rund vierzig Jahren gedacht haben, als er den mörderischen Wettlauf vieler Nationen um den wirtschaftlichen Aufstieg beobachtete. Die Menschen rund um den Globus schienen nur noch die Vermehrung materieller Güter im Sinn zu haben. Ohne Rücksicht nutzten sie jede sich bietende Chance, Natur und Landschaft auszubeuten. Pflanzen, Tiere, den Boden, die Erze, das Wasser oder tief in der Erde verborgene Schätze wie Öl und Gas griffen sie sich, wie sie nach den Produkten im Supermarktregal »grapschten«.

So weit durfte es mit Bhutan nicht kommen. König Jigme Singye Wangchuck erkannte wohl intuitiv, dass er die Schönheit, die sich sein Land in der Abgeschiedenheit von der Welt bewahrt hatte, nur dann für künftige Generationen erhalten konnte, wenn er nicht am Wettlauf der Völker und Nationen um immer noch mehr Mammon teilnähme. Er entdeckte die Kraft seines Volkes in dessen Traditionen und die Stärke der Menschen in deren vom Buddhismus geprägter Einstellung gegenüber anderen Lebewesen. Sie basiert auf Mitgefühl und Respekt. Es sind Menschen, die spüren, dass die Natur und alle Kreaturen nur gemeinsam existieren können und dass es falsch ist, wenn eine sich über die anderen erhebt.

Die Vision des Königs von Bhutan führte ihn und sein Land gar nicht erst in die Sackgasse, in der sich viele andere verfuhren. Statt auf Konkurrenz zu setzen, die als Antrieb den Erfolg verheißt, setzte er auf ein anderes Prinzip: Kooperation. Er vertrat die Ansicht, dass Gross National Happiness einen menschlicheren, aber auch rationaleren Entwicklungsweg darstellte.

Zunächst ist GNH ein Projekt, das die Gesamtbedürfnisse des Menschen miteinbezieht: nämlich die physischen wie auch die psychologischen und sogar die spirituellen Bedürfnisse. Es basiert auf der Überzeugung, dass, obwohl materielle Umstände selbstverständlich und wesentlich zum physischen Wohlergehen beitragen, die innere Haltung mindestens ebenso wichtig ist.

Folgerichtig ist also GNH darum bemüht, ein Gleichgewicht zwischen den äußeren Bedingungen unseres Lebens und Wirkens und unseren inneren Kompetenzen, die zum Glück führen können, zu schaffen. Auf dieses Thema gehe ich im Abschnitt »Bruttonationalglück in der Erziehung« (siehe Kapitel »Bruttonationalglück in der Praxis«) noch einmal näher ein.

GNH sieht Glück aber keinesfalls nur als das Ziel eines individuellen Wettkampfes. Wir Menschen sollen Happiness vielmehr im Kontext des Gemeinwohls unserer ganzen Gesellschaft anstreben. Erst das nämlich verhilft jedem einzelnen Mitglied dieser Gesellschaft zum größeren Glück. Wer das erkennt, dem ist klar, dass keine Regierung Glück als Dienstleistung liefern kann. Dennoch ist es die Verantwortung jedes Staates, ein förderliches Umfeld zum Erlangen eines Zustands zu schaffen, in dem jedes Individuum Glück empfinden kann. Es war die Überzeugung des Königs von Bhutan, dass die Legitimität einer Regierung davon abhängt, ob und wie sie dazu imstande ist, diese Bedingungen zu schaffen, die es ihren Bürgern ermöglichen, das höchste Ziel menschlichen Lebens anzustreben. Alle politischen Entscheidungen müssen sich daher daran messen lassen, ob sie zum größeren Glück der Gesamtbevölkerung beitragen oder nicht. Um dies nachprüfbar zu gestalten, braucht ein Land Evaluationskriterien, die viel lebensnäher sind als die heute üblichen, rein wirtschaftlichen Messgrößen, mit denen wir auf der ganzen Welt Wirtschaftserfolg und Entwicklung rein ökonomisch bestimmen und bewerten.

Und dies völlig zu Unrecht. Das belegen aktuellste Studien, die zu Beginn des Jahres 2014 gleich auf zwei unterschiedlichen Ebenen zu ähnlichen Ergebnissen kommen. Weder die zum Mainstream erhobene ökonomische Globalisierung noch das bloße Wachstum des Bruttoinlandsprodukts einer Nation führen quasi als logische Konsequenz zu mehr Wohlstand für alle Bürger eines Landes. Das Gegenteil ist der Fall: Die Gütersloher Bertelsmann Stiftung konstatiert in ihrer Studie, dass die weltumspannenden Geschäfte keinesfalls zum Vorteil der Bedürftigen unter den Menschen gereichen. Gewinner sind – wie die Kritiker längst vermutet haben – genau jene, die ohnehin auf der Sonnenseite des Lebens weilen. Sie füllen ihre Taschen nur noch mehr.[19]

Auch Sebastian Vollmer, Professor für Entwicklungsökonomie an der Universität Göttingen, stellt ein beliebtes und allzu oft benutztes Argument für die These vieler Wirtschaftswissenschaftler, wonach mehr Wettbewerb – unter den einzelnen Akteuren am Marktgeschehen sowie zwischen den beteiligten Volkswirtschaften – der Garant für Erfolg sei, vom Kopf auf die Füße. Danach garantiert nicht das bloße Wachstum des BIP als Kennzahl für die Stärke einer Ökonomie ein Auskommen der jeweiligen Bevölkerung. In seiner vergleichenden Untersuchung, auf Basis von 121 Umfragen, bewertet er Daten zur Gesundheit der Menschen aus 36 Ländern im Verhältnis zum Wirtschaftswachstum der betreffenden Ökonomien sowie der jeweiligen Ernährungssituation der im Land lebenden Kinder. Vollmer und sein Team wollten klären, welche Vorteile Wirtschaftswachstum und ein steigendes BIP pro Kopf im Kampf gegen Unterernährung bringen könnten. Das Resultat: Wachstum hat gar keinen Einfluss auf die Bekämpfung von Mangelernährung.

Was die Wissenschaftler entlarvten, ist vernichtend für die herrschende Wirtschaftslehre: »Als Gründe nannten die Forscher, dass höhere Einkommen meist nicht in Lebensmittel investiert werden. Zudem sind die Güter oftmals falsch verteilt und kommen nicht den Armen zugute. Außerdem investieren Staaten häufig wenig in Gesundheitsprogramme oder Bildungspolitik.«[20] Bloßes Wachstum also ist der falsche Maßstab, um die Qualität der Entwicklung eines Landes in Tabellen festzuhalten und mit anderen Ländern zu vergleichen. Denn zu einem guten Leben, das haben schon die Menschen des Altertums erkannt und Philosophen schrieben darüber seit Jahrtausenden Traktate und Bücher, gehören mehr als Geld und Gold.

Zuverlässige Forschungsresultate verweisen darauf, dass die vielfache Erhöhung des Bruttonationaleinkommens in den entwickelten Ländern in den zurückliegenden fünfzig Jahren nicht zu einem proportionalen Wachstum des Glücks geführt hat. Heute wissen wir, dass das rastlose Hinterherhecheln nach immer noch mehr Gütern und immer noch mehr Geld, mit dem Ziel, »immer mehr zu verdienen, um immer mehr zu konsumieren«, doch nur ein sinnloses Bemühen bleibt und wir uns völlig umsonst anstrengen wie ein Hamster im Käfigrad – er kommt auch nie an seinem Ziel an. Genauso ist es mit der Idee vom ewigen Wachstum: Sie verspricht uns Menschen zwar vermeintliches Glück, aber sie bringt uns kein wahres und nachhaltiges Glück.

Im Gegenteil: Es ist ein Abmühen wie in dem bewussten Hamsterrad. Und genau die Reichsten und Betuchten, die dieses Rad in Schwung setzen und in Trab halten, sind oft spirituell und emotional verarmt und vielleicht gerade deshalb nie richtig glücklich. All dies zeigt klar, dass wir Glück nicht auf dem Irrweg der Befriedigung endloser Gier finden können.

Es ist eine Illusion, zu meinen, dass Glück von der Marktwirtschaft hervorgezaubert würde. Der Markt verlangt nur immer größere Produktivität und noch mehr Leistungsfähigkeit und entmenschlicht so unsere Gesellschaft und unterminiert die Grundlagen des Glücks.

Wie anders ist dagegen die ländliche Lebensweise, die die Menschen in Bhutan noch weitgehend pflegen. »Ich bin glücklich«, sprach etwa ein alter Bauer aus den Bergen in die Kamera des Filmemachers Harald Friedl. »Ich bin glücklich, weil ich mir in meinem Alter keine schwere Arbeit mehr aufladen muss.«

Glück, das zeigt auch ganz klar Friedls Film *What Happiness Is*, ist viel mehr als eine kurze emotionale Hochstimmung. So berichtet der Österreicher von einer Frau, die ihm erzählte, wie gut es sei, als Mensch wiedergeboren zu werden. »Man könnte ja auch als Ameise oder als Schwein geboren werden«, erklärt Friedl und verdeutlicht damit, was die Menschen in Bhutan als Glück empfinden.

Bhutan ist eben ein Land, in dem ein Reisender auf viele Überraschungen trifft. Nicht nur, weil wir es erst seit wenigen Jahrzehnten erkunden können. Viel mehr noch, weil Bhutan seinen Wandel zu einem Land, das modern werden will, auf ganz eigene Weise organisiert.

Bis in die Sechzigerjahre des 20. Jahrhunderts gab es außer klösterlichen Schulen so gut wie kein Erziehungssystem. Inzwischen hat es die Regierung bewerkstelligt, dass alle Kinder Bhutans zur Schule gehen. Selbst in den entlegenen Dörfern auf den Bergen des Landes oder im Dschungel des Tieflands gibt es Grundschulen und der Unterricht ist für alle Kinder kostenlos. Diejenigen, die gute Noten erzielen, können anschließend und immer noch kostenlos studieren – entweder an der Royal University of Bhutan oder, wenn es besonders begabte Schüler sind, sogar mit einem Stipendium im Ausland. Und anders als in vielen Entwicklungsländern kehren fast alle Studenten danach wieder in ihr Heimatland zurück, denn die allermeisten Bhutaner sind sich einig, dass das Leben dort doch viel glücklicher ist als in der Fremde. (Mehr

129

zum Thema Bildung und Erziehung siehe im Kapitel »*Brutto-nationalglück in der Praxis*«.)

Bhutan ist gleichzeitig auch ein Land erstaunlicher Kontraste: Als im Juli 2013 die Bevölkerung zum zweiten Mal zu Parlamentswahlen aufgerufen war und über die neuen Mitglieder der Nationalversammlung abstimmte, transportierten freiwillige Helfer die Wahlmaschinen entweder auf ihrem Rücken oder mit Pferden in die vielen entlegenen Dörfer. Das dauerte oft mehrere Tage. Am 13. Juli 2013 war die zweite Runde dieser Wahlen. Ich war im Ausland unterwegs, war aber sehr neugierig auf die Ergebnisse des Urnengangs. Also versuchte ich, mich am Abend via Internet zu informieren und auf dem Laufenden zu halten. Und tatsächlich: Jeder konnte an diesem Abend im World Wide Web in Echtzeit alle Ergebnisse der Stimmauszählung live mitverfolgen: Provinz um Provinz – denn die elektronischen Wahlmaschinen waren zwar zu Fuß in die Wahllokale Bhutans getragen worden, aber sie waren auch via Satellitenverbindung mit allen am Ausgang der Wahl Interessierten verlinkt. Über diese Verbindung veröffentlichten die Behörden Bhutans alle Ergebnisse noch am Tag der Abstimmung, und egal, wo auf dem Planeten es ein Mensch wissen wollte, er erhielt Auskunft. Das ist Bhutan: eine sonderbare Mischung aus Mittelalter und Postmoderne.

Das Glück ist machbar

Die vier Säulen des Bruttonationalglücks

Das Bruttonationalglück ist auf vier Säulen bzw. Pfeilern verankert. Sie tragen die neun Gebiete, in denen Bruttonationalglück wirkt. Die vier Säulen sind:

- Eine gerechte und nachhaltige wirtschaftliche Entwicklung der Gesellschaft
- Der Schutz der natürlichen Umwelt und die Stärkung ihrer Widerstandsfähigkeit
- Die Bewahrung und Förderung traditioneller, kultureller Werte der Menschen
- Die Förderung einer guten Regierungsführung bzw. Leitung eines Unternehmens

Die vier Pfeiler spielen eine ganz wichtige Rolle im Verständnis von Bruttonationalglück. Dabei ist ihre Rolle durchaus im doppelten Sinne zu verstehen – einerseits tatsächlich als tragende Stützen einer sozialen Struktur, als Regierungsstruktur oder als Vorgabe für jedes Wirtschaftsgebilde. Sie bezeichnen zugleich aber auch eine Seelenhaltung. Sie benennen die Werte, auf denen diese Säulen aufgebaut sind. Denn Strukturen können lediglich so gut sein wie die Menschen, die sie ausfüllen: Erst die innere Haltung der Menschen lässt das System wirklich fruchtbar werden.

Diese vier Säulen können wir mit grundsätzlichen ethischen Prinzipien vergleichen, die Buddhisten in ihrer spirituellen Tradition die »vier unermesslichen Geisteshaltungen« nennen: Das sind die unermessliche Liebe (Maitri), das unermessliche Mitgefühl (Karuna), die unermessliche Freude (Mudita) und der unermessliche Gleichmut (Upeksha). Diese Einstellungen heißen bei Buddhisten »unermesslich« oder »grenzenlos«, weil sie sich auf alle Lebewesen richten und weil alle Wesen das Potenzial besitzen, sie in sich hervor- und wachzurufen. (Zu den »vier unermesslichen Geisteshaltungen« siehe auch den Abschnitt »*Achtsamkeit im Alltag …*« im Kapitel »*Wanderer zwischen den Welten*«.)

Bevor ich im Einzelnen auf die vier Säulen eingehe, möchte ich an das Motto der Französischen Revolution erinnern: »Liberté, Egalité, Fraternité« – Freiheit, Gleichheit, Brüderlichkeit. Wir können mit Recht behaupten, dass diese Werte und Ideale eine wichtige Rolle bei der Gestaltung moderner demokratischer Staaten, nicht nur in Frankreich, sondern weltweit gespielt haben.

Zwei Denker aber – Sri Aurobindo im Osten sowie Rudolf Steiner im Westen – wiesen in bemerkenswerter Weise auf das gleiche Problem bei der Umsetzung dieser Ideale in die sozialpolitische Wirklichkeit hin. Beide bemerkten, dass diese Werte, wenn sie falsch interpretiert werden, soziale Strukturen eher zerstören denn fördern: Freiheit gilt im kapitalistischen System als Grundsatz der Wirtschaft. Freiheit, wie wir sie heute im Wirtschaftsleben in aller Regel als Abwesenheit jeglicher »Leitplanke« und lenkenden Wirkung verstehen, führt dann jedoch zur unfairen Verteilung von Ressourcen. Das aber ist eine der Ursachen für viele unserer gegenwärtigen Probleme.

Im kommunistischen Verständnis dagegen wird oder wurde Gleichheit zum Ideal des Wirtschaftsprozesses stilisiert. Auch das führt zu sozialen Problemen und gesellschaftlichen Spannungen, denn Gleichheit ist im Wirtschaftsleben nur durch Zwang zu erreichen und fördert so als notwendige Konsequenz die Diktatur. Zumal die Bedürfnisse und die Begabungen der Menschen zu verschieden sind. Die Realität widerlegt eine allzu idealistische Annahme: In der Praxis lässt sich diese Gleichheit nicht umsetzen, dafür findet sich kein einziges Beispiel einer gelungenen wirtschaftlichen Gleichheit in einem kommunistischen Land. Heute etwa ist die Einkommensschere zwischen Reich und Arm in kommunistischen Ländern wie China oder Vietnam sehr groß – und diese Diskrepanz wird immer größer.

Eigentlich sollten wir diese Ideale anders definieren: Wirtschaft sollte das Gebiet der Brüderlichkeit sein, denn die Ressourcen sind begrenzt und sollten die tatsächlichen Bedürfnisse aller Menschen befriedigen. Das ist wiederum nur möglich, wenn wir uns füreinander verantwortlich fühlen, wenn jeder von uns eine brüderliche oder schwesterliche Haltung gegenüber der ganzen Menschheit einnimmt. Das ist dann jedoch ganz anders als die aufgezwungene Gleichheit, wie sie manche Politiker fälschlicherweise interpretierten. Es ist aber auch ganz anders als kapitalistisches Laisser-faire, bei dem stets nur die Stärkeren nahezu alles an sich reißen können.

Gleichheit, wie sie Bruttonationalglück definiert, sollte dagegen auf dem Gebiet der Gesetze und Politik gemeint sein: Erst wenn alle Bürger die gleichen Rechte besitzen und auch gleiche Verantwortungen tragen, kann eine echte Demokratie entstehen. Letztlich sollte Freiheit auch die Kultur und das Geistesleben bestimmen, denn nur wenn echte Gedankenfreiheit und wirkliche Freiheit für Kreativität verwirklicht sind, kann die Gesellschaft sich schöpferisch weiterentwickeln.

Doch zurück zu den vier Säulen des Bruttonationalglücks im Zusammenhang mit den vier Idealen der »vier unermesslichen Geisteshaltungen«:

Liebende Güte oder die unermessliche Liebe ist der Wille, so zu handeln, dass wir dadurch das Wohlergehen aller Wesen fördern. Wir können diese Haltung auch Brüderlichkeit nennen: die Empfindung, dass alle Menschen meine Brüder und Schwestern sind. Wenn die Handelnden in der Wirtschaft nach dieser Maxime handeln würden, erreichten wir eine gerechtere Welt, denn die Verteilung der Ressourcen entspräche dann den Bedürfnissen aller. Dann wäre Wirtschaft auch nachhaltig: Denn die Interessen der kommenden Generationen würden in alle Entscheidungen, die wir heute treffen, miteinbezogen. Die »Säule der Liebe« überwindet die Entfremdung, die uns von den anderen Menschen trennt. Die »Säule des Mitgefühls« zielt auf die Absicht und unseren Willen, das Leid anderer Wesen zu lindern. Die Entfremdung der Menschen von der Natur entspringt (auch) dem Umstand, dass wir die Verbindung zur Erde, zur Welt der Pflanzen und zum Kosmos der Tiere als lebendige Wesenheiten verloren haben. Für viele sind es bloß Dinge, manche sprechen ihnen sogar den Status lebendiger Organismen ab. Viele Menschen erleben die Erde nicht (mehr) als »Mutter Erde«, sondern nur noch als Ware, die sie ausbeuten dürfen und können. Sie leitet dabei der kurzsichtige materielle Profit. Wenn wir jedoch Mitgefühl als Basis für unsere Beziehung zur natürlichen Umwelt entwickeln, ergibt sich eine ökologische Lebensweise ganz natürlich. Die Entfremdung von der Natur können wir dadurch ganz organisch überwinden.

Das Dritte ist die »Säule der Freude«: Kultur kann nur dann gedeihen, wenn wir Kreativität nicht nur erlauben, sondern auch fördern und wünschen. Das braucht einen Freiraum, in dem die Menschen die Gelegenheit haben, einerseits das Beste, was aus der Tradition kommt, weiter zu pflegen – sei es in der Musik, der Literatur, den darstellenden Künsten oder in der Spiritualität –, sich andererseits aber auch zugleich innovativ und schöpferisch betätigen können. Die innere Entwicklung wie Meditation, Kontemplation und andere spirituelle Praktiken gehören in dieses Feld. Wer in einem Land wie Bhutan an religiösen Festivals teilnimmt, kann dabei noch unmittelbar erleben, wie Gemeinschaftsgefühl und Solidarität solche Veranstaltungen nähren und prägen. Menschen aus allen sozialen Schichten und von unterschiedlichster Herkunft kommen dabei zusammen und feiern mit Freude und Freundlichkeit ihre gemeinsamen Traditionen.

Ohne Kultur degeneriert eine Gesellschaft zu einem riesigen Supermarkt, in dem Marketing und Werbung als billiger Ersatz Kunst und Spiritualität bedrängen und verdrängen wollen. Für mich ist interessant, dass es auf Deutsch »Landwirtschaft« heißt, auf Französisch aber »agriculture« und auch auf Englisch sagt man »agriculture«. Das deutet doch darauf hin, dass Landwirtschaft eigentlich »Landkultur« bedeutet. Es geht eben nicht nur um Wirtschaft. Selbstverständlich geht es »auch« um Ökonomie, aber es ist zuerst und vor allem: eine Kultur. Und das heißt, die Welt vermenschlichen. Kultur nämlich ist das, was sich von Seele zu Seele überträgt, was im wahrsten Sinne des Wortes »zwischenmenschlich« geschieht. Damit jedoch ist Kultur das, was die Menschen miteinander verbindet, und das trifft ganz gleich eben auch auf unsere Verbindung mit der Umwelt zu. Vor allem aber trifft es auf unsere Beziehung zu unserem eigenen Selbst zu. Es ist die Überwindung von der Entfremdung von uns selbst.

Die vierte Säule meint Inklusion. Das bedeutet, dass alle einbezogen sind. Manchmal nennen wir es »Gleichmut«, dann bedeutet es, dass wir unsere persönlichen Vorlieben beiseiteschieben und alle Anliegen, um die es nun geht, gleichwertig behandeln. Das ist die Grundlage für gute Führung oder echte Demokratie.

Durch meine Arbeit beim Roten Kreuz erlebte ich so oft, wie auch in sogenannten demokratischen Gesellschaften nicht alle Menschen die gleichen Rechte in Anspruch nehmen dürfen. Immer wieder werden Gruppen an den Rand des Systems gedrückt. Sie besitzen keine Stimme. Im alten Griechenland zum Beispiel hatten nur die männlichen Bürger Wahlrecht, aber die Mehrheit der Bevölkerung waren Frauen oder auch Sklaven. Sie hatten am demokratischen System keinen Anteil. Wenn wir uns das bewusst machen, wirkt es auf uns schockierend. Aber wir müssen bedenken, dass es auch in der Neuzeit oftmals gar nicht viel anders läuft. Frauen haben in der Schweiz erst 1971 das Wahlrecht erhalten. Und in allen entwickelten Ländern leben viele Menschen – Asylanten, Fremdarbeiter, Behinderte –, die nach wie vor keinen vollen Anteil am demokratischen Prozess haben.

Die Tendenzen, die in vielen reichen Ländern zu bemerken sind – von Australien über Frankreich bis zu Großbritannien und der Schweiz –, weisen auf eine Verschlechterung dieser Zustände hin. Gute Regierungsführung hat also damit zu tun, wie gut Mehrheiten auch auf die Minderheiten hören und sie in Entscheidungsprozesse miteinbeziehen. Nur dann kommt echte Inklusion zustande. Das ist selbstverständlich eine große Herausforderung. Auch Bhutan wurde in den

Neunzigerjahren des vergangenen Jahrhunderts mit schwerwiegenden Immigrationsproblemen durch viele Flüchtlinge aus dem Nachbarland Nepal konfrontiert. Die Regierung löste das nicht immer gut. Gute Regierungsführung, die vom Prinzip der Inklusion oder von Gleichheit geleitet wird, kann jedoch dazu beitragen, diese Entfremdung zu überwinden. Mir erscheint es dabei wichtig, einerseits aufzuzeigen, wie Bruttonationalglück auf diesen vier Säulen ruht und darauf aufgebaut ist, und andererseits darauf hinzuweisen, dass diese Grundprinzipien nur dann tragfähig sein können, wenn menschliche Werte und ethische Grundsätze sie begleiten. In Bhutan liegt es nahe, auf buddhistischen Werten aufzubauen. In anderen Kulturkreisen müssen uns Prinzipien, die der jeweils eigenen Tradition entsprechen, zeigen, wohin das Bruttonationalglück führen soll.

Entwicklung und Fortschritt: Neu verstanden

»Das Bruttoinlandsprodukt als alleiniges Maß des Erfolgs ist eine Sackgasse.«

Jacqueline McGlade, Generaldirektorin
der Europäischen Umweltagentur

Auf Anfrage der UNO wurde im Mai 2012 nach dem New Yorker Treffen vom April eine internationale Expertengruppe gegründet, die ein neues Entwicklungskonzept erarbeiten sollte. Daraufhin berief am 28. Juli 2012 der König von Bhutan ein Sekretariat (Secretariat for the New Development Paradigm, SNDP)[21], das die Arbeit der Expertengruppe zusammenfassen und einen Bericht schreiben sollte, der die Erfahrungen Bhutans auf dessen neuem Entwicklungspfad darlegt. Dieses neue Entwicklungsparadigma strebt einen ganzheitlichen Fortschritt an. Es stützt sich auf eindeutige Indikatoren. Sein Ziel ist das Streben nach Glück und Wohlergehen.

Glück hat Konjunktur. Es scheint, als ob das Gefühl des Wohlbefindens in umgekehrt proportionaler Weise bei den Menschen an Bedeutung gewinnt, da sie mit dem bislang vorherrschenden System, in dem sie und wir alle leb(t)en, zunehmend unzufrieden sind und an ihm zweifeln. Je klarer sich herausstellt, dass unser Weg uns in die Irre lenkt und an den Rand des Abgrunds führt, desto deutlicher dämmert vielen, dass wir neue Gleise finden müssen, auf denen wir uns in der Zukunft bewegen können. Wenn sich das Klima wandelt und die Finanzmärkte erodieren, Schuldenkrisen sich weltweit häufen, unsere Ressourcen zur Neige gehen oder die Vielfalt der Arten auf dem Planeten abnimmt, dann erkennen wir: Es läuft etwas gewaltig aus dem Ruder. »Die Ressourcen, auf denen unser kostengünstiges Wohlstandsmodell bislang basierte«, bringt der Umweltökonom und Philosoph Niko Paech den Grund für ein sich ausbreitendes diffuses Endzeit-Gefühl auf den Punkt, »werden knapp.« Der Wissenschaftler zieht aus dieser Analyse den Schluss: »Mehr Geld macht irgendwann auch nicht glücklicher.« Und er fragt in einem Vortrag bei der Deutschen Bundesstiftung Umwelt (DBU), ob nun die Wachstumsparty vorbei sei und was nun auf die Menschheit zukomme.

Diese Frage, so aktuell sie uns 2014 erscheint, stellte sich, wie bereits angesprochen, – vierzig Jahre zuvor – auch Bhutans Monarch. Er leitete damit die Abkehr vom BIP als dem alleinigen Maßstab für Entwicklung und Wachstum seines

Landes ein. Inzwischen strahlt dies in viele andere Länder aus. Ab 2015, das beschlossen die Vereinten Nationen, gilt Gross National Happiness als neues Entwicklungsziel der UNO.

Das Modell von GNH beschließt das Ende der Eindimensionalität und ausschließlichen Fixierung auf die singuläre Messgröße des BIP, die jedoch den Ökonomen und zunehmend auch vielen Politikern nach wie vor als Beschreibung der Wirklichkeit einer Gesellschaft ausreicht. Sie vergöttern ihre Messlatte daher wie eine Art Götzenbild. Die Stilisierung dieses Leitmotivs zur scheinbar unumstößlichen Wahrheit jedoch ist trügerisch. Dass eine einzige Zahl alle Facetten menschlichen und gesellschaftlichen Wohlergehens ausdrücken könne, entbehrt jeder logischen Grundlage. (Zu diesem Thema siehe auch das Kapitel »*Was ist Bruttonationalglück?*«)

Das zeigt auch der jüngste Bericht der OECD (Organisation für wirtschaftliche Zusammenarbeit und Entwicklung). Der wissenschaftliche Rat der Vereinigung der stärksten Wirtschaftsnationen der Erde legte im Frühjahr 2014 offen, dass Schulden und Umweltfrevel das Erbe unserer Kinder und Enkel aufs Spiel setzen. Wir leben auf Kosten der kommenden Generationen. Der Reichtum auch der wohlhabenden und entwickelten Nationen komme zudem nur selten bei den wirklich Bedürftigen in den Gesellschaften an, recherchierten die Wissenschaftler aus den offiziellen Daten. Vor allem Kinder, Alte und Arme würden zusehends weiter an den Rand gedrängt. Das ist wahrlich kein gutes Zeugnis für die moderne Welt: Ihr Wachstum hilft mehrheitlich bloß denjenigen, die ohnehin schon saturiert sind!

Bereits 1932 warnte der britische Wirtschaftswissenschaftler Lionel Robbins[22] in seinem *Essay on the Nature and Significance of Economic Science* seine Kollegen der Ökonomen-Zunft davor, die Welt nur in Zahlen ausdrücken zu wollen: »Wir können Wohlstand nicht messen wie den Vitamin- oder Kaloriengehalt von Nahrungsmitteln«, beschrieb er den Unterschied der Wirtschafts- zu den Naturwissenschaften und bezeichnete außerdem die Berechnung von Wohlstand und Wachstum lediglich als »ein relatives Konzept«. Seine Kritik an der »Macht der einen Zahl« – gemeint war schon bei Robbins das BIP – gilt heute als Ausgangspunkt vieler Ideen, die genau daran die meisten Fehlentwicklungen moderner Gesellschaften und Volkswirtschaften festmachen.

Jigme Singye Wangchuck setzte diesem »goldenen Kalb« der Ökonomie 1972 mit Gross National Happiness ein deutlich differenzierteres Modell entgegen. Der Monarch knüpfte mit seiner Idee dabei an ältere Einsichten und Weisheiten aus der Historie seiner Nation an. Wie im Kapitel *»Das Labor hinter den Bergen«* im Abschnitt *»Land der Geheimnisse«* beschrieben, findet sich bereits im Rechtskodex von 1729, der aus der Zeit der Gründung des Landes als einheitliches Staatsgebilde datiert, die Formulierung: »Falls die Regierung ihren Bürgern kein Glück garantieren kann, gibt es keinen Grund für sie, weiter im Amt zu bleiben.« In der Neuzeit sollte die 2008 verabschiedete Verfassung Bhutans die Regierung in Paragraph 9 verpflichten, die »Bedingungen zu schaffen, dass die Bürger des Landes Gross National Happiness erlangen«.

Jigme Singye Wangchuck wusste: Ohne Achtsamkeit und Mitgefühl kann keine Gemeinschaft auf Dauer existieren. Vor allem wird sie die Herausforderungen nicht bestehen, mit denen sich alle Gesellschaften auf der Erde konfrontiert sehen: Finanz-, Klima-, Ressourcen-, Umwelt- oder Migrationsprobleme führen zu zunehmenden Spannungen zwischen einzelnen Menschen und ganzen Regionen.

Ein Blick auf die Krisenherde unseres Planeten von Afrika über den Mittelmeerraum oder Osteuropa bis nach Südostasien zeigt, wie aktuell die Situationsanalyse ist. Soll die Entwicklung eines Landes einer Richtung folgen, deren Ziel es ist, den Bürgern ein »Grundrecht auf Glück« und somit ein erfülltes Leben in Gesundheit und mit ausreichend Gütern zu garantieren, braucht es – ganz im Sinne des Monarchen – auf Basis ethisch begründeter Verhaltenskodizes auch einen »inneren Wandel« der Menschen, die diesen Staat (mit-)tragen und sein Handeln gestalten.

Die Menschen müssen ihre Haltung ändern: Sie müssen den Konkurrenzkampf zugunsten der Kooperation aufgeben und das Miteinander ins Zentrum rücken. Sie müssen lernen, auch auf jene zu hören, die am Rand einer Gesellschaft stehen und deren Stimme sie bislang nicht gehört haben. Auch sie sind ein Teil des Ganzen und tragen diesen Teil dazu bei, wie jedes noch so unscheinbare Steinchen das Gesamtbild eines Mosaiks prägt und vervollständigt.

Diese Intention aber ist kaum oder gar nicht in Zahlen auszudrücken – es sei denn, die Dienstleistung wird in eine Ware »verpackt«: Wenn wir uns aus reiner Nächstenliebe um unsere Mitmenschen kümmern, etwa unsere Zeit älteren Mitbürgern schenken und ihnen zuhören, oder wenn wir unseren Kindern Lesen und Schreiben beibringen oder mit ihnen spielen und dafür kein Geld verrechnen, dann tauchen diese »Leistungen« in keiner BIP-Bilanz auf. Deshalb finden solche Gedanken nach landläufiger Auffassung wissenschaftlicher Ökonomen auch keinen Eingang in deren gängige Bewertungsskalen. Erst wenn wir daraus ein Geschäft kreieren: Wenn Profi-Pädagogen unsere Kinder betreuen und

Pflegepersonal unsere Alten versorgt, dann müssen wir die Dienstleistung bezahlen – dann berechnen Ökonomen sie. (Zu diesem Thema siehe auch das Kapitel »*Was ist Bruttonationalglück?*«)

Bhutans vierter König jedoch erkannte, dass die Summe aller noch so positiven materiellen Güter, die wir anhäufen können, niemals die Komplexität der gesellschaftlichen Wahrheit beschreibt. Sowohl die Bilanzen eines Unternehmens wie auch die Etats von Staaten sagen nichts darüber aus, wie sich die Menschen, ob Mitarbeiter oder Bürger, in ihrem Gemeinwesen fühlen, ob sie dort gerne leben – angstfrei und hoffnungsfroh.

Das jedoch ist das Ziel von GNH. Es braucht dafür zusätzliche Bewertungskriterien. König Jigme Singye Wangchuck setzte deshalb auch auf diese innere Dimension der Menschen: Er wollte in die Beurteilung eines Gemeinwesens neben der reinen Wirtschaftsleistung Tradition und Kultur eines Landes mit einbeziehen, sprach der Natur ihren eigenen Wert zu und bemaß die Zeit, die ein Mensch hat und nutzt, um sich spirituellen Riten zu widmen, oder die er sich nimmt, um sich innerlich zu sammeln und zu besinnen.

Dazu heißt es im *Short Guide to Gross National Happiness Index:* »GNH bewertet die Qualitäten eines Landes in einem ganzheitlicheren Sinn als das BIP. Es geht davon aus, dass sich eine Gesellschaft dann gut entwickelt, wenn materielle und spirituelle Entwicklung ebenbürtig – Seite an Seite und zugleich – vonstatten gehen, sich gegenseitig ergänzen und befruchten.«[23]

Diese Werte aber schätzen wir rein am Profit orientierten Menschen bis heute viel zu gering. Wie sonst sind Auswüchse erklärbar, wie sie im Frühling 2014 an der New Yorker Stock Exchange ruchbar wurden? Dort testeten die Börsenmakler von Sang Lucci Capital Partners an 26 ihrer Broker einen Drogencocktail. Sie wollten klären, ob die Wertpapierhändler unter dem Einfluss bewusstseinsverändernder Arzneimittel profitablere Deals aushandelten. Das, so die These, steigere am Ende des Tages den Umsatz und damit die Aktien der eigenen Firma.

Nicht nur, dass es sich bei diesen Tests um waschechte Menschenversuche handelte. Schon allein das ist ethisch nicht akzeptabel. Der Grund für die Versuche entlarvt zudem jedoch eine mehr als bedenkliche Verhaltensweise der Banker: Ihre Profitgier scheint ganz offensichtlich derart überwältigend zu sein, dass sie alle Schranken des Anstands vollends einreißen und jede Grenze anständigen Wirtschaftens übertreten.

Solche Fehlentscheidungen kann, soll und wird GNH vermeiden helfen. Es erlaubt eine umfassendere Planung, welches Ziel eine Gesellschaft anstrebt und auf welchem Weg die Menschen dorthin gelangen wollen und können.

GNH gibt uns zugleich die Regeln an die Hand, diesen Prozess zu beobachten und zu steuern. Es informiert mit wissenschaftlich exakten Statistikmethoden über die Erfolge und zeigt die Korrekturmöglichkeiten, sollten sich im Laufe des Prozesses Abweichungen vom Pfad oder negative Tendenzen abzeichnen. Diese Erkenntnisse liefert die statistische Erhebung dabei »just in time«, denn die repräsentative Datensammlung, wie sie die Demoskopen in Bhutan zusammentragen, zeigt rasch und vergleichbar, welche Veränderungen sich durch aktuelle Politikentscheidungen ergeben und welche Auswirkungen sie haben.

Das Prinzip und die Methode von GNH definieren den Begriff »Entwicklung« neu – vor allem jedoch anders als bisherige Ansätze: Gross National Happiness löst sich gänzlich von der alleinigen Ausrichtung auf die ökonomische Seite von Entwicklung und akzeptiert, dass die Realität einer jeden Gesellschaft komplexer und vielschichtiger ist, als unser geltendes Wirtschaftsmodell uns glauben machen will. »Nicht wie viel eine Wirtschaft wächst, ist wichtig«, betont daher die Definition von GNH, »sondern wichtig ist, *was* wächst.«

GNH ist bewusst anders als viele der zahlreichen derzeit in westlichen Ländern von Kritikern des Wirtschaftssystems erdachten Alternativen. Denn GNH definiert »Happiness« umfassender: nicht als nur subjektiv gespürten Glücksmoment. Es ist eben dieser ganzheitliche Ansatz zur Beschreibung dessen, was Menschen ihr persönliches sowie gesellschaftliches Zusammenleben angenehm erscheinen lässt: »Es zeichnet ein detail- und facettenreiches Bild«, heißt es in der Einführung des zuvor zitierten *Short Guide to GNH Index,* »und erklärt so die Zusammensetzung einer Gesellschaft, die Unterschiede ihrer einzelnen Elemente sowie deren Evolution zugleich – und das auf allen Ebenen und in allen Regionen.«

Damit reagiert GNH auf die Fehlentwicklungen der gegenwärtigen Welt. Es hat erkannt, dass unbegrenztes Wachstum in einer Welt mit endlichen Gütern nicht möglich ist und auch gar nicht sein kann. Es setzt dieser sich als falsch erwiesenen Definition das Konzept entgegen, dass die Menschen in der einen Welt, wenn wir diese als begrenztes System beschreiben (und diese Wahrheit realisiert die Menschheit immer deutlicher), ihre Wünsche nicht ins Unermessliche steigern und deren Erfüllung nicht erhoffen dürfen oder können. »Die Veränderung hin zu einer differenzierteren Vision von Entwicklung«, beschreibt der Regierungsreport *Happiness: Towards a New Development Paradigm,* »beginnt mit unserem Anerkennen der Komplexität und der gegenseitigen Abhängigkeiten dieser menschlichen Wirklichkeit.«[24]

Der Report nennt auf dieser Basis fünf Eckpfeiler als Fundament des GNH-Entwicklungsmodells:

Es gilt *erstens,* die Werte, auf die wir unser Zusammenleben gründen, neu zu definieren, und *zweitens* die Ziele, die wir gemeinsam für erstrebenswert halten, festzulegen. *Drittens* müssen die Menschen entdecken, dass und wie sie sich um andere kümmern und für sie Sorge tragen, *viertens* die gegenseitige sowie die Abhängigkeit von anderen Kreaturen – ob Pflanzen oder Tieren – annehmen und schätzen lernen sowie *fünftens* auf Kooperation statt Wettbewerb setzen. Denn: »Einfach jenes Modell, das uns in die Krise führte, in die Zukunft fortzusetzen, ist nicht länger erstrebenswert. Erst GNH eröffnet die Chance für einen Aufbruch in die Zukunft: Ziel ist ein auskömmliches, angenehmes, gesundes und erfülltes Leben.«

Das ist ein hehres Ziel. GNH entwirft, um ihm näher zu kommen, nicht nur das Leitbild eines anderen Entwicklungsmodells. GNH ist deshalb zugleich auch das Bewertungssystem, mit dem der Prozess begleitet, gemessen und verglichen werden kann. Es ist nicht »bloß eine Idee«: GNH ist das wissenschaftliche Instrument, um – ähnlich der einen Zahl des BIP – ganze Regionen, gesellschaftliche Gruppen oder Länder miteinander in Beziehung setzen zu können. Das ermöglicht dann, sie zu vergleichen und in der zeitlichen Abfolge Tendenzen einer Zielannäherung zu erkennen.

Nur anders als bisher: Der am BIP orientierte Vergleich gerät stets rasch zum Streit und Konkurrenzkampf. Da GNH jetzt aber auch humane und spirituelle Werte einbezieht und nicht nur das rein materialistische Fortschrittsdenken den Vergleich beherrscht, entsteht eine neue Situation. Jetzt erstreckt sich der Vergleich auf zusätzliche Felder und bezieht mit ein, ob und wie oder auch wie häufig wir uns um Mitmenschen kümmern, wie viel Zeit wir anderen spendieren oder wie häufig wir selbstlos agieren. Das ergibt unterm Strich der Rechnung ein differenzierteres Bild. Als Summe der addierten Punkte zeichnet sich eine humanere Gesellschaft ab: Nicht mehr die bloße Wirtschaftsleistung nominiert den Sieger im ökonomischen Wettlauf, die zusätzlich ins Mosaik gepuzzelten Steinchen beschreiben am Ende ein vielfältigeres Gesamtbild unseres Lebens und Wirtschaftens. Es zeigt, dass nicht der Stärkste allein als Sieger aufs Podest steigt. Mitunter ist es ja auch ein Sanfter, der sich um andere Menschen sorgt und sich darum kümmert, dass ihnen ihr Leben gelingt, oder der die Schätze der Natur bewahrt und aus spirituellen Ritualen Kraft schöpft.

Auf dieser Basis entwarf etwa der aktuelle Fünfjahresplan in Bhutan ein detailliertes Zukunftsbild, das am Ende des Zeitraums als Ziel ein neues Entwicklungsstadium vorsieht. »Bis 2020«, beschreibt der Plan die Vision für Bhutan, »soll das Land ein von allen respektiertes und aktives Mitglied der Völkergemeinschaft sein.« Bis zum Ende des Jahrzehnts will die Nation im Himalaya und wollen die Menschen Bhutans der Welt belegen, dass es möglich ist, mit großen Schritten der Moderne entgegenzuschreiten, ohne dabei deren negative Einflüsse zu übernehmen. Die Welt soll Bhutan dafür respektieren, dass es den Menschen dort gelungen sein wird, auf diesem Weg ihre Identität und ihre traditionellen Werte zu schätzen und zu wahren.

Wir sollten uns klar darüber sein, dass Bruttonationalglück sich auch in der Rechnungsführung jeder Nation auswirkt: wenn wir nämlich auch Güter und Dienstleistungen mit einrechnen, die üblicherweise nicht in diese Kalkulation einfließen, weil sie normalerweise gar nicht vermarktet werden – wie zum Beispiel Freiwilligen- und Haushaltsarbeit oder Naturkapital.

Die Regierung stellt die Finanzen bereit, die für die einzelnen Abschnitte dieses Wegs benötigt werden. Ob und wie weit das Land und die Menschen in Bhutan sich diesem Fünfjahresziel annähern, erhebt, wie bereits im Kapitel *»Grundrecht auf Glück«* beschrieben, in regelmäßigen Abständen von zwei Jahren eine repräsentative Umfrage unter mehreren Tausend Bhutanern und Bhutanerinnen. Diese Umfragen bringen zugleich ans Licht, wie zufrieden die Menschen im Land mit ihrem Leben sind. Auch dies ist ein Mosaik, geht es doch bei den Erhebungen keinesfalls nur um den materiellen Status. Die Menschen geben Auskunft über ihre Gesundheit, erläutern ihre Schulbildung. Die Umfragen belegen ferner, wie viel Zeit die Menschen für andere haben, wie viel Zeit anderen zur Verfügung gestellt wird, was den Menschen die Natur bedeutet und was sie ihnen wert ist, wie oft sie meditieren und an welchen traditionellen Festen ihres Dorfes sie teilnehmen.

GNH und der darin verankerte GNH Index sind eben mehr als die Vision eines Entwicklungsmodells. Sie sind ein ausgetüfteltes und wissenschaftlich flankiertes System. Es erlaubt einer Regierung, die Akzeptanz ihrer Entscheidungen bei den Bürgern rasch und ziemlich exakt zu erkennen – oder diese Entscheidungen auch zu korrigieren, wenn die Menschen sie nicht verstehen oder nicht mittragen. So ist GNH auch ein Modell für echte demokratische Mitbestimmung. Gross National Happiness nämlich entwirft ein neues Modell des menschengerechten Zusammenlebens in der Gemeinschaft: »Es ist der Beginn einer ›neuen Gesellschafts-Geschichte‹ – sie erzählt von den gegenseitigen Abhängigkeiten ihrer Mitglieder und wie die Wirtschaft den Menschen dient und nicht umgekehrt die Menschen der Wirtschaft, oder davon, wie wir uns wohlfühlen in unserem Leben, das mit den auf dem Planeten verfügbaren Rohstoffen und Gütern auskommt.« So definiert der Report der bhutanischen Regierung Gross National Happiness.

Kontrolle des Erfolgs: Bruttonationalglück als Messgröße

»Ein ungezügelter Kapitalismus,
der nur das Wachstum der Wirtschaft im Blick hat,
produziert privaten Reichtum und zugleich
öffentliche Armut.«

John Kenneth Galbraith
in *Gesellschaft im Überfluss*

Der Wachstumswahn, den viele Menschen heute intuitiv vor allem im Westen als Fehler spüren und beschreiben, war schon für den schottisch-kanadischen Wirtschaftswissenschaftler John Kenneth Galbraith Ende der 1950er-Jahre Zielscheibe seines Angriffs. In seinem Grundlagenwerk *Gesellschaft im Überfluss* (*The Affluent Society*) warnte er bereits 1958 vor den Folgen des unkontrollierten Wachstums für die Umwelt. Galbraith erkannte, wohin das über die Maßen ausgedehnte Ausschöpfen der Ressourcen unseres Planeten führt. Damit schuf der Agrarökonom die Basis für die aktuelle Kritik am Kapitalismus. Die Anhänger der weltweiten Occupy-Bewegung im ersten Jahrzehnt des neuen Jahrtausends greifen diese Kritik auf, wenn sie auf der Wall Street des New Yorker Börsenviertels oder im Frankfurter Bankenviertel demonstrieren. Die einseitige Bewertung von Fortschritt als Steigerung des Bruttoinlandsprodukts ließ etwa die Architektin und Ökologin Margrit Kennedy[25] ihre Idee zur Neubewertung des Zinsbegriffs formulieren oder Klaus Schwab[26], den Gründer des Weltwirtschaftsforums in Davos, über das Gemeinwohl philosophieren. Als seine Erkenntnis schreibt Schwab nieder: »Das System, das uns in die Krise geführt hat, ist längst überholt, aber wir verleugnen diese Realität zu unserem eigenen Nachteil; wir gehen schizophren mit der neuen Realität um und tun weiterhin so, als hätte sich nichts Grundlegendes geändert (…) Man kann durchaus sagen, dass das kapitalistische System in seiner jetzigen Form nicht mehr in die heutige Welt passt.«

Eine zeitgemäßere Form des Wirtschaftens und des gesellschaftlichen Zusammenwirkens ist die in Bhutan gelebte Gross National Happiness. Dieses Grundrecht auf Glück jedoch erfordert mehr als nur die Vision vom besseren Leben im Land hinter den hohen Bergen. Sie ist mehr als eine Utopie. Sie ist gelebte Gerechtigkeit. Mit dem GNH Index hat sich Bhutan zugleich von einer ganzen Reihe weltweit renommierter Wissenschaftler ein System zur Berechnung des Fortschritts austüfteln lassen. Das Centre for Bhutan Studies and GNH Research verfolgt den Prozess der Wandlung im Land aufs Genaueste mit. Es bewertet den dafür nötigen Transformationsprozess und gegebenenfalls korrigiert es ihn. GNH nämlich ist nicht nur Modell, es ist auch modellhaft – und bietet die auf wissenschaftlicher Expertise gründende Methode, den Fortschritt jederzeit und exakt zu taxieren und in statistisch ausgefeilten Berechnungen darzustellen. Das eröffnet den Politikern des Landes die große Chance, lenkend in den Entwicklungsprozess einzugreifen.

Dabei verfallen die Entwickler der GNH-Regeln und -Methoden keineswegs dem gefährlichen Irrtum, sich selbst und ihr Modell für unfehlbar zu halten. GNH ist keine Doktrin. Happiness, wie sie in Bhutan definiert wird, ist ein Prozess, ist selbst eine Entwicklung, die fortwährend mehrere Institutionen überprüfen und korrigieren, denn sie wissen: »Die Umsetzung des neuen Paradigmas ist nicht einfach.« Sie wissen aber, dass »schwierig nicht unmöglich heißt« und betonen: »Die Menschen sind nicht in ihrer starren Natur gefangen. Sie besitzen die Möglichkeit und die Fähigkeit sowie die Kraft, das Schicksal, dem sie gegenwärtig entgegenrasen, zu ändern. Die Gesetze und Regeln haben auch wir Menschen verfasst, und wenn wir sie geschaffen haben, warum sollen wir sie nicht ändern können, wenn es nötig ist und wir das wollen?«

Sie räumen jedoch selbstkritisch ein, dass auch »GNH seine Grenzen hat«. Vor allem der GNH Index werde oft als »Maßstab des Glücks falsch interpretiert«. Er soll dabei aber lediglich eine Orientierungshilfe bieten, an der sich die Menschen in ihrem Streben nach Glück »entlanghangeln« können: Der GNH Index ermöglicht es, die Bedingungen zu schaffen, innerhalb derer sich Happiness entwickeln kann.

Wichtigstes Kriterium für einen solchen Reformprozess ist die Erarbeitung eines reproduzierbaren Berechnungsmodells, das es erlaubt, den jeweils erreichten Happiness-Level zu erfassen: Dieses Modell muss beliebig oft und überall einsetzbar sein und dabei stets dieselben Ergebnisse liefern.

Diese Ergebnisse liefert die GNH Statistik: Sie erhebt insgesamt 124 Variablen. Sie beleuchten die vier Handlungsfelder, auf denen Gross National Happiness wie auf vier Säulen ruht. Sie definieren die wichtigsten Aspekte dessen, was Entwicklung im Sinne von GNH ausmacht.

Auf diesen vier Grundpfeilern ist das Fundament einer sozial gerechten Ordnung verankert. Von ihnen leitet GNH neun Themenfelder ab, in denen zusammen 33 einzelne Indikatoren als Messwerte bestimmen, wie nah die Menschen ihrem Ziel einer Glück verheißenden Gesellschaft schon gekommen sind. Dafür gewichtet GNH nach statistischen Regeln die von Demoskopen erfragten Ergebnisse. Auf die Methoden, mit denen diese Ergebnisse untersucht werden, gehe ich später genauer ein. Sie decken weit mehr ab als ausschließlich wirtschaftliche Daten und Fakten. Sie beschreiben das körperliche sowie das psychische Befinden der Menschen, sie bewerten die ihnen zur Verfügung stehende Zeit oder ihren Bildungsgrad. Sie testen die Verschiedenheit und Tragfähigkeit der Kultur oder bewerten politische Entscheidungen und checken, wie zufrieden die Menschen mit den Beschlüssen ihrer Regierenden sind sowie die Lebendigkeit der örtlichen Gemeinschaften.

Die neun Gebiete, die für die Erhebung verwendet werden, sind: psychologisches Wohlbefinden, Gesundheit, Verwendung der Zeit, Erziehung, kulturelle Vitalität und Vielfalt, gute Regierungsführung, das Zusammengehörigkeitsgefühl in der Gemeinschaft, ökologische Lebensfähigkeit und Vielfalt der Arten sowie der allgemeine Lebensstandard der Menschen.

Ich greife im Folgenden beispielhaft nur einige dieser Gebiete heraus. Diese fließen zwar in andere alternative Berechnungsmodelle oft nicht ein, mir jedoch erscheinen sie besonders wichtig.

Zum Thema einer guten Regierungsführung habe ich bereits erwähnt, dass Bhutan den friedlichen Übergang von der absoluten Monarchie zur Demokratie gemeistert hat. Diesen Prozess begleitete eine Verwaltungsreform. Sie dezentralisierte die Entscheidungen. Heute bestimmen die Bürger Bhutans sehr viele Angelegenheiten, die ihr Leben betreffen, auf lokaler Ebene. Auch die Schulen erhielten im »modernen« Bhutan mehr Autonomie. Gerade in entlegenen Dörfern nämlich können die Menschen vor Ort viel besser einschätzen, was für ihre Kinder das Beste ist und was die Lehrer für ihre Arbeit mit den Pennälern brauchen, als dies irgendwelche Beamte in der entfernten Hauptstadt Thimphu könnten. Diese leben zu weit weg vom Geschehen. Zu den Erfolgen Bhutans zählt auch, dass die gesamte Erziehung sowie das Gesundheitswesen für alle im Land lebenden Menschen vollkommen gratis sind. Auch ich, der ich als Ausländer in Bhutan lebe und arbeite, kann jederzeit in eine Klinik gehen und mich behandeln lassen, wenn ich krank bin. Ich darf mir sogar aussuchen, ob ich ein allopathisches oder ein traditionell buddhistisches Krankenhaus bevorzuge. Und überall behandeln mich die jeweiligen Ärzte umsonst. Sowohl ihre Untersuchungen wie ihre Therapie und auch die dafür nötigen Medikamente kosten einen Patienten in Bhutan nichts.

Auch beim Umweltschutz geht Bhutan seinen ganz eigenen Weg. Das Parlament legte im Grundgesetz fest, dass 60 Prozent des Landes für immer bewaldet bleiben müssen. Aktuell sind 72 Prozent des Landes von Forst bedeckt. 50 Prozent der Gesamtfläche des Landes stehen heute unter Naturschutz. Bhutan hat sich in der Rio+20-Konferenz im Jahr 2012 zudem dazu verpflichtet, auf alle Zeiten eine Kohlenstoffsenke zu sein, und will bis 2020 seine Landwirtschaft vollständig auf eine biologische Wirtschaftsweise umstellen.

Heute wissen Forscher aus ihren Untersuchungen, dass das Wohlbefinden der Menschen in allen Kulturen der Erde vor allem vom Gemeinschaftsgefühl und Dazugehören abhängt. Das ist so in Entwicklungsländern, das ist so in den entwickelten Ländern. Die regelmäßig wiederholten Bevölkerungsbefragungen unter den Bürgern Bhutans erheben daher stets die folgenden vier Indikatoren: gesellschaftliche Unterstützung, Gemeinschafts-Beziehungen, familiäre Bindungen, aber auch, wie viele Opfer von Gewalt und Verbrechen es im Staat gibt.

Die drei Indikatoren, bei denen es um soziale Unterstützung geht, bewerten unter anderem, wie viel die Menschen in Bhutan entweder an Zeit, Geld oder auch an Sachwerten an ihre Mitmenschen in der Gemeinschaft verschenken. Wenn Menschen freiwillig mindestens 10 Prozent ihres Einkommens oder der ihnen zur Verfügung stehenden Zeit anderen überlassen, gilt dies als ein genügend großer Beitrag an die Gemeinschaft. Bei den sogenannten entwickelten Ländern sieht das etwas anders aus: Sie haben sich schon vor Jahren verpflichtet, 0,5 Prozent ihres Staatseinkommens als Entwicklungshilfe bereitzustellen. Mit Ausnahme einzelner skandinavischer Länder blieb dieses hehre Versprechen jedoch bloß ein frommer Wunsch. So gut wie kein Land erreichte dieses 0,5-Prozent-Ziel, obwohl es nicht wirklich ambitioniert war. Dabei hat die Wissenschaft längst festgestellt, dass Großzügigkeit ein wichtiger Faktor für das Glück ist, das wir alle uns so sehr wünschen und das wir suchen.

Der Indikator der Gemeinschaftsbeziehungen basiert auf zwei Elementen: dem Vertrauen zu unseren Nachbarn und dem Gefühl der Zugehörigkeit zu einer Gruppe. In den Großstädten der entwickelten Länder leben heute mehr als 50 Prozent der Menschen alleine. Aus Erfahrung jedoch wissen wir, dass die meisten Leute, die in den Wohnblöcken unserer Städte leben, nicht einmal den Namen ihrer nächsten Nachbarn kennen. Die Folgen eines solchen Lebens in einer Gemeinschaft sind sehr oft Isolation und Vereinsamung. All dies sind gewichtige Gründe und oft die Ursache für Depressionen, und manchmal sind es sogar die Motive für einen Selbstmord.

Vielen Menschen bleibt bei einem solch tristen Dasein keine andere Wahl, als sich einen Psychologen oder einen Coach zu suchen. Für deren Dienste zahlen sie dann. Einen Partner zu finden, der uns zuhört, wird für diese vereinsamten Menschen zur Ware. Wollen sie jemanden haben, der ihnen zuhört, müssen sie ihn »kaufen«.

Der Individualismus brachte uns allen sicherlich Fortschritte. Der Preis, den die Menschen dafür bezahlten, ist aber sehr hoch. Deshalb ist ein Gefühl der Zugehörigkeit zu einer Gruppe sehr wichtig. Es kann viel über den Zustand einer Gesellschaft aussagen, ebenso wie das Vertrauen, das wir haben, dass andere Menschen für uns da sind, wenn wir sie brauchen, aber auch die Bereitschaft, dass wir selbst anderen Menschen helfen, wenn sie unsere Unterstützung brauchen.

Die Statistik über die Anzahl jener Menschen, die Opfer von Gewalt und Verbrechen wurden, kann uns wichtige Hinweise über das Gefühl der Sicherheit geben, das die Menschen subjektiv empfinden. Auch dies ist ein wichtiger Faktor, der in die Berechnung einfließt, die ermittelt, wie wohl sich die Menschen fühlen.

Die Nutzung der den Menschen zur Verfügung stehenden Zeit ist ein Forschungsgebiet, das wir nur selten ausleuchten. Dennoch ist es bedeutsam. Stress nämlich ist ein Grundproblem reicher Gesellschaften. Das Gefühl, keine Zeit zu haben, überarbeitet zu sein oder ständig vom einen zum anderen rennen zu müssen, ist weitverbreitet. Stressbedingte Krankheiten sind heutzutage ein allgemeines Gesundheitsproblem. In den USA klagen etwa 70 bis 80 Prozent aller Patienten, die einen Arzt aufsuchen, über solchen Dauerdruck und Leistungszwang. Das kostet die US-Gesellschaft jedes Jahr etwa 200 Milliarden Dollar.

Dabei ist es so wichtig, ab und zu stehen zu bleiben, sein Tempo zu verlangsamen, sich zu besinnen, zur Ruhe zu kommen, sich Zeit für sich, für seine Familie oder seine Freunde zu nehmen oder auch einfach nur still in der Natur spazieren zu gehen, eine Blume anzuschauen oder einen Sonnenuntergang zu genießen. Wer gesellschaftliche Veränderungen verstehen will, für den ist es ein guter und sinnvoller Indikator, zu verstehen, wie die Menschen mit ihrer Zeit umgehen.

Manche wird es überraschen: Interessanterweise erhebt die Umfrage die spirituelle oder religiöse Praxis der Menschen in Bhutan nicht im Bezug zur Kultur des Landes, sondern im Zusammenhang mit dem psychologischen Wohlbefinden. Das hängt damit zusammen, dass alle Forschungsresultate zeigen, dass Menschen, die regelmäßig religiöse oder spirituelle Praxis üben, sich besser fühlen als jene, die keine solche Praxis haben. Entscheidend ist dabei nicht in erster Linie, welche Religion die Menschen haben oder wie sie diese praktizieren. Ursache sind wahrscheinlich verschiedene Faktoren: Erstens bindet religiöse oder spirituelle Übung einen Menschen in eine Gemeinschaft ein und lässt ihn die gemeinsamen Werte und den gemeinsamen Glauben mit den anderen teilen. Und zweitens tragen diese Übungen dazu bei, dem Leben einen Sinn zu geben, und sie helfen, in schweren Zeiten Hoffnung und Trost zu finden.

Schließlich ist auch wissenschaftlich nachgewiesen, dass Meditation eine positive Wirkung auf das Gemüt und auf die Emotionen hat. Es ist bemerkenswert, dass in der westlich geprägten Gesellschaft, die im Allgemeinen weniger religiös und eher säkular geprägt ist, immer mehr Menschen Yoga, Meditation, Tai-Chi und andere ähnliche Techniken erlernen und ausüben wollen. Sie fühlen, dass sie etwas brauchen, um ihr inneres Gleichgewicht wiederzufinden. In Bhutan dagegen ist die buddhistische Tradition noch sehr lebendig und spielt nach wie vor eine große Rolle im Alltag der meisten Menschen.

Schon diese wenigen Beispiele zeigen, dass die Fragen, die die Demoskopen Bhutans den Bürgern des Landes im Zusammenhang mit dem Bruttonationalglück stellen, viele verschiedene Gebiete des Alltags und des wirklichen Lebens der Menschen ausleuchten, die weit über die üblichen Fragen nach Einkommen und Besitz hinausgehen, obwohl beides selbstverständlich in die Berechnung auch miteinbezogen ist.

Diese Vielzahl an einzelnen Fakten fließt, wie bereits angesprochen, in eine ausgeklügelte Statistik ein. Das Berechnungsmodell basiert auf den Forschungen von Sabina Alkire und James Foster[27]. Die beiden an der University of Oxford lehrenden Professoren schufen mit ihren Arbeiten zur Bestimmung und Bewertung von Armut und Entwicklung zwischen 2007 und 2011 eine inzwischen weltweit anerkannte Methode. Der daraus abgeleitete GNH Index gewichtet die ermittelten Befragungsergebnisse im Gesamtpool der Daten, die die Demoskopen gesammelt haben. So gewinnen die Statistiker in Bhutan Schwellenwerte für einzelne Zufriedenheitskriterien. Diese können sie unterschiedlichen Gruppen zuordnen und so die verschiedenen Cluster miteinander vergleichen – nach Alter, Geschlecht, Region, Einkommen, Bildung, Wohngebiet …

Die Ergebnisse der Auswertung einer GNH-Index-Erhebung teilen die Statistiker in vier Gruppen unterschiedlichster Zufriedenheitsgrade ein: »unhappy« (unzufrieden), »narrowly happy« (fast zufrieden), »extensively happy« (recht zufrieden), »deeply happy« (sehr zufrieden). Anhand der Ergebnisse können die GNH-Verantwortlichen in Bhutan in Zukunft Verschiebungen in der Ausprägung des Glückszustands zwischen den Gruppen genau benennen. Denn die Methode zeichnet nicht nur einen jeweiligen Status-quo-Wert auf. Mit der regelmäßig wiederholten Erfassung der Daten lassen sich zugleich auch Trends oder Verschiebungen innerhalb einzelner Auswertungsgruppen einfach nachvollziehen. Da Bhutan die Umfragen wie gesagt alle zwei Jahre wiederholt, ergeben die dabei gesammelten Daten ein dynamisches Bild der Stimmung im Land. Der GNH Index ist somit ein aktives Steuerungsinstrument für die Behörden und Politiker. Die Daten entlarven quasi in Echtzeit die sich wandelnde Bewertung der erzeugten Veränderungen: zum Guten oder auch zum Schlechten. Die Entscheider können darauf mit einer relativ kurzen Vorlaufzeit reagieren. Auf diese Weise hat sich die Methode – auch das ein Element direkter Demokratie – als ein unmittelbar anzuwendendes Werkzeug in der politischen Tagesentscheidung etabliert. Inzwischen löste sogar bereits einige Male die noch modernere Variante der Umfrage per Mobiltelefon eine schriftliche Erhebung ab. So vereint sich modernste Technologie mit zeitgemäßer Auffassung von guter Regierungsführung. Die Umfrage per Mobiltelefon hat durch ihre Schnelligkeit auch große Vorteile bei der Vorbereitung oder nachträglichen Korrektur tagespolitischer Entscheidungen. 2012 etwa führte die Regierung Bhutans einen autofreien Tag ein. Jeden Dienstag sollten die Menschen ihr Fahrzeug stehen lassen. Diese Entscheidung schien unter Umweltgesichtspunkten sehr sinnvoll zu sein. Der damalige Ministerpräsident, der selbst jeden Dienstag mit seinem Fahrrad ins Büro radelte oder zu Fuß dorthin ging und damit ein gutes Vorbild vorlebte, erhoffte sich, durch die Einführung des autofreien Tags das soziale Beisammensein zu fördern. Denn so könnten die Leute sich ja miteinander unterhalten, während sie zu Fuß unterwegs waren. Viele Menschen jedoch fanden es sehr umständlich, Fahrrad zu fahren. Zum Beispiel die Eltern, die ihre Kinder zur Schule bringen mussten, bevor sie selbst in die Arbeit gingen. Ihnen fehlte schlicht die Zeit. Oder die Geschäftsleute: Sie hatten am autofreien Tag Probleme, neue Waren in ihr Geschäft liefern zu lassen. Die Konsequenz dieser Unstimmigkeiten: Es gab eine Meinungsumfrage per SMS – und eine Mehrheit entschied sich gegen den autofreien Tag. Die Regierenden nahmen ihr Gesetz kurzerhand wieder zurück, der autofreie Tag war abgeschafft. Ich persönlich bedauere die Entscheidung der Bürger Bhutans sehr. Das Leben in Thimphu war ohne Autos sehr viel angenehmer für mich als Fußgänger.

Ein solches Vorgehen, das eine Regierungsentscheidung auf den Prüfstand der Bürger stellt, erhöht im Umkehrschluss die Akzeptanz politischer Entscheidungen bei den Menschen, die von diesen direkt oder indirekt betroffen sind. Denn sie sind eingebunden, Politiker entscheiden nicht »über die Köpfe hinweg«. Die Menschen haben das Gefühl, dass sie mitreden können und die Entscheider auf sie hören.

Entwicklung hinterlässt immer Spuren. Die sind bei vielen Menschen erwünscht. Sie bewerten das, was geschah, positiv. Manche jedoch gehören – auch in Bhutan – zu denjenigen, die eine Veränderung des bislang Bestehenden weniger entzückt. Und wie überall auf der Welt kann das negative Emotionen schüren. Auch wenn die Menschen in Bhutan ihre Kritik an offiziellen Entscheidungen »zwar ganz klar, aber immer recht höflich formulieren«, wie dies eine aus Bayern stammende Touristik-Fachfrau, die seit vielen Jahren im Himalaya lebt, erzählt. Es zeigt, dass auch in einer weltweit als

»Land der Glücklichen« apostrophierten Nation nicht alles Gold ist, was glänzt. Die Frau berichtet von den fehlenden Arbeitsplätzen im Land: »Damit sind viele, meist junge Menschen unzufrieden.« Selbst die Tourismusbranche sei »am Limit«. Dabei ist sie, wie bereits erwähnt, neben der Energiewirtschaft, die aus der immensen Wasserkraft der wilden, aus den Bergen stürzenden Flüsse Strom für die Nachbarn in Indien produziert, eine der tragenden Stützen der bhutanischen Staatseinnahmen.

Das Urteil demonstriert: Durchaus schwierige Aufgaben kommen auf die Planer der staatlichen Entwicklung in Bhutan zu. Sie jedoch setzen dabei auf GNH als Hilfe und Wegweiser. Sie wissen, dass sich GNH in der politischen Praxis als taugliches Instrument bewährt.

Die daran beteiligten Wissenschaftler und Experten arbeiten seit Mitte des ersten Jahrzehnts im 21. Jahrhundert an der Etablierung des GNH Index als Methode zur Lenkung des staatlichen Entwicklung. 2007 traf sich dazu zum ersten Mal ein von der Regierung ins Leben gerufener »runder Tisch«. Seine Mitglieder erarbeiteten die Vorgaben für den Index. Der sollte den Rahmen für das alternative Modell Bhutans festlegen, die Indikatoren bestimmen, die das Szenario braucht, und die Mittel beziffern, die zur Durchführung des Vorhabens benötigt werden.

Neben diesen rein planerischen Vorgaben, die überall auf der Welt ähnlich sein dürften, sollten die Experten in Bhutan aber noch einen weiteren Anspruch erfüllen. Ihre Regeln für den GNH Index, so lautet die Direktive, »müssen nicht zuletzt auch ganz normale Menschen verstehen«. Die Indikatoren des Index müssen sich »an den Erfahrungen der Menschen orientieren und deren Lebenshorizont widerspiegeln«. Dann erst, davon sind die Entwickler des GNH Index überzeugt, ist ihre Messmethode »mehr als ein Politikinstrument: GNH erfüllt dann auch die Voraussetzung, dass die Menschen sich die vielfältigen Ausformungen dessen vorstellen können, was Happiness in Bhutan bedeutet«.

Gute Politik gestalten: Die GNH Commission

> *»Gute Regierungsführung und nachhaltige Entwicklung lassen sich nicht trennen.«*
>
> Kofi Annan

Der ehemalige Generalsekretär der UNO stellt das Junktim ins Zentrum, es sichert die Voraussetzung für jede Entwicklung: Die Organisation und die Institutionen der Politik eines Landes garantieren »die Art und Weise, wie in einem Staat Entscheidungen getroffen, politische Inhalte formuliert und umgesetzt werden«.[28] Obwohl die Entwickler des GNH-Modells wissen, dass es nahezu unmöglich ist, »in einer so verschiedenartigen Welt, deren Kulturen alle in den unterschiedlichsten Traditionen wurzeln, einen einheitlichen Grad globaler Happiness zu definieren«, sind sie überzeugt: »Wir besitzen als Menschheit die Voraussetzungen dafür, dies zu schaffen.«

Dieser Wechsel zum neuen Entwicklungsmodell der Global Happiness muss dabei auf mehreren Ebenen gleichzeitig vonstatten gehen. Er verlangt persönlichen Einsatz aller Individuen und zugleich jenen einer ganzen Gesellschaft. Er ist auch niemals nur Aufgabe eines einzelnen Staats, sondern stets internationale Herausforderung und Aufgabe. Und er verzahnt alle Ebenen und Handlungsfelder, die GNH beschreibt und abdeckt, miteinander.

Integere Institutionen und Personen in der Verwaltung wie in den Spitzenpositionen der Wirtschaft sind dafür unerlässlich. Sie müssen Vorbilder sein. Ihr Handeln vortrefflich. Denn Verantwortung für alles Tun und auch für ein Unterlassen zu übernehmen – politisch wie ökonomisch – sei, so sagt es etwa der Theologe und Philosoph Hans Küng als Begründer der Stiftung Weltethos, »zu einem Schlüsselbegriff der Ethik geworden«.[29] Er zitiert, um die Grenzen für unser Handeln zu markieren, die Forderungen seiner Weltethos-Erklärung: »*Selbstbestimmung und Selbstverwirklichung sind durchaus legitim – solange sie nicht von der Selbstverantwortung und Weltverantwortung des Menschen, von der Verantwortung für die Mitmenschen und den Planeten Erde losgelöst sind.*«

Das erinnert an die Definition, die der Philosoph Hans Jonas in seiner Publikation *Das Prinzip Verantwortung* formulierte: Handeln aus der globalen Verantwortung für die gesamte Bio-, Litho-, Hydro- und Atomsphäre des Planeten.

Seit Jahrtausenden streben Philosophen nach diesem Gut und fordern es als Ziel menschlichen Strebens ein. Dieses Prinzip Verantwortung beschreibt über alle Kulturen hinweg den Anspruch an eine gute Regierung und ist die Grundlage für deren weise Art des Regierens. Diese wiederum erfordert transparente und zugleich verlässliche Argumente, die eine Entscheidung begründen. Andererseits müssen jene, für die solche Entscheidungen gelten und die sie befolgen sollen, ihrerseits informiert und in der Lage sein, ihren eigenen Willen kundzutun. Erst dann können sie als Bürger einer Nati-

on echte Teilhabe am Willensprozess einfordern und praktizieren.

Gute Regierungsführung muss daher nach dieser Definition von GNH stets auf der Dualität von Gerechtigkeit und
Gleichheit beruhen. Sie sucht den Ausgleich zwischen den
unterschiedlichen Gruppen einer Gemeinschaft in der Verteilung der Güter, die jeder Mensch für sein Leben benötigt und
in Anspruch nimmt, und berücksichtigt jeweils die Auswirkungen auf die natürliche Umgebung sowie deren Ressourcen und auf künftige Generationen.

Dies alles wird erst wirklich möglich, wenn ein Staat die
freie Meinung seiner Bürger respektiert und sie garantiert,
wenn seine Institutionen und Vertreter die demokratischen
Rechte akzeptieren und die Bürger darin bestärken, diese
auch wahrzunehmen und für sie einzutreten oder sie einzu-
fordern. Ein Staat muss die Pressefreiheit sichern und Korruption eindämmen oder sie – noch besser – aktiv beseitigen und dauerhaft ausschließen. Und schließlich schätzen die
Vertreter dieses Staats die Unabhängigkeit seiner Richter als
hohes Rechtsgut.

Damit legt eine Regierung den Grundstein für eine erfolg-
reiche Entwicklung. Sie wird sozial ausgeglichen und bietet
die Chance auf ein Leben, bei dem jeder Bürger bekommt,
was er braucht. Zugleich sichert diese Entwicklung die Basis
für ein auch in Zukunft ausreichendes Auskommen – mit den
Schätzen des Planeten – für alle auf ihm lebenden Kreaturen.
Dann erfüllt eine Regierung auch das, was der Dalai Lama
uns ins Stammbuch schrieb: »*Wenn wir ein Gefühl für glo-
bale Verantwortung bekommen sollen, müssen wir die ganze Erde in den Blick fassen. Sie ist einfach ein kleiner Planet,
und unsere individuelle Zukunft ist sehr eng mit der ihren
verknüpft.*« Daraus leitete er einen ganz klaren Auftrag an

uns ab: »*Kümmern wir uns also um unsere Erde. Unsere eigene Zukunft ist nur dadurch zu sichern, dass wir uns für das Wohl aller Menschen und überhaupt aller Lebewesen dieser Welt engagieren.*«

Aus diesem Grund gründete Bhutan eine unabhängige Kommission: Die GNH Commission plant alle Projekte der verschiedenen Ministerien und prüft, ob sie »GNH-kompatibel« sind.

Alle Projekte müssen ein Überprüfungsverfahren durchlaufen. Das soll kontrollieren, wie sich die Umsetzung eines Vorhabens auf die verschiedenen Gebiete des Bruttonationalglücks auswirkt. Ein Projekt, das zwar wirtschaftlichen Gewinn bringen würde, sich aber entweder auf die Umwelt, die Kultur, die Gemeinschaft oder die Gesundheit negativ auswirken könnte, wird an das zuständige Ministerium zurückverwiesen. Die Beamten müssen es erst entsprechend ändern, sodass die unerwünschten Konsequenzen gemildert oder vermieden werden. Andernfalls bekommt das neue Vorhaben keine Chance, genehmigt und umgesetzt zu werden.

Das gilt bis in die höchsten Ebenen: Vor einigen Jahren etwa wollte das Finanzministerium den Beitritt Bhutans zur Welthandelsorganisation (WTO) beantragen. Die GNH Commission prüfte die Beschlussvorlage. Das Resultat: Obwohl ein solcher Beitritt für Bhutan wirtschaftlich positive Wirkungen gehabt hätte, wurde der Vorschlag erst einmal zurückgestellt, weil klar wurde, dass ein Beitritt in Bezug auf die anderen Indikatoren auch negative Einflüsse haben könnte. Nur wenige Länder der Welt trafen bislang solch mutige Entscheidungen.

Eine so verstandene gute Regierungsführung wird ausstrahlen auf alle Bürger eines Staats und auf alle Menschen – und damit auch auf ihre Art und Weise, sich ökonomisch zu betätigen. Auch in der Wirtschaft setzen sich dann Führungs-strukturen durch, die auf derselben Grundlage aufbauen. Sie wiederum führen dort, wo heute Profitgier und Habsucht das Handeln der Menschen leiten, zu einer sich allmählich durchsetzenden neuen Art des Wirtschaftens. Dann können die Ideen des Gemeinwohls und des kooperativen Wirkens erstarken. Sie haben es heute noch schwer. Denn mit unse-rer Ausrichtung auf ein steigendes BIP missachten wir die sozialen Wirkungen gemeinschaftlichen Strebens und halten am Konkurrenzdenken fest. Das bringe, so glauben wir, unter dem Strich Vorteile in der Bilanz unseres Handelns.

Wenn wir das ändern, kann wahr werden, was sich Karl Peter Sprinkart und Franz-Theo Gottwald als Conclusio ih-res Buches *FairFinance*[30] wünschen. Die beiden Wirtschafts-spezialisten sehen voraus, dass ein »neues Denken Einzug hält«. Das gehe, so hoffen sie, »über die Begrenztheit des klassisch ökonomischen Paradigmas hinaus«. Sie jedenfalls glauben, »die Chance auf gesellschaftliche Innovation ist ge-geben«, und sehen sie in einer Kultur der Rücksichtnahme und Solidarität, der Transparenz und der Wertegebunden-heit, »kurz gesellschaftlicher Verantwortung«.

GNH als Bewusstseinswandel: Das Bruttonationalglück-Zentrum in Bhutan

Um das Bruttonationalglück bemühen sich in Bhutan auf ver-schiedenen Ebenen unterschiedliche Organisationen und Ins-titutionen. Wenn wir nun davon ausgehen, dass Glück eine Kompetenz ist, die ein Mensch erwerben kann, dann gibt es folgerichtig in Bhutan auch dafür eine extra Institution: das

Bruttonationalglück-Zentrum. Es bietet Kurse und Lernpro-
gramme an, mit deren Hilfe die Teilnehmer ihre Kompetenz
zum Glück weiterentwickeln können. Das Zentrum liegt in
Bumthang in Zentral-Bhutan und befindet sich derzeit noch
im Aufbau. Es ist der Ort, an dem wir Bruttonationalglück
in gelebte Praxis umsetzen wollen. Unsere Kurse und Seminare sollen im kleinen Rahmen demonstrieren und vorleben,
wie die Grundprinzipien von GNH im Alltag gelebt werden
können.

Der Ort, an dem wir das BNG-Zentrum bauen, ist ein
wunderschöner Flecken Erde. Unser Gelände ist etwa zwanzig Hektar groß. Es liegt zwischen Berg und Fluss in einem
Tal und es verbindet die natürliche Schönheit der Landschaft
mit der spirituellen Geschichte. In dieser Gegend führte der
große Meister Guru Rinpoche[31] – den die Menschen in Bhutan auch Padmasambhava nennen – im 8. Jahrhundert den
Buddhismus im Land ein.

In unserem Bruttonationalglück-Zentrum geht es darum,
neue Gemeinschaftsformen zu entwickeln. Sie sollen das
Beste aus den kulturellen und spirituellen Traditionen Bhutans mit den Bedürfnissen der heutigen Menschen und insbesondere der Jugend verbinden. Wir wollen auch die wunderschöne traditionelle Architektur Bhutans mit dem Besten
der aktuellen sogenannten grünen Technologie verschmel-
zen, sodass die Gemeinschaft energetisch autark ist, keinen
Abfall erzeugt, die reiche natürliche Umwelt achtet, aber zugleich einen gemütlichen Rahmen bildet, in dem die Menschen ein einfaches und doch auch angenehmes Leben führen können.

Bhutan kann die aktuellen Modeerscheinungen jedoch
nicht aufhalten. Die Landflucht ist auch im Land im Himalaya Realität und zunehmend ein Problem. Die Land-Stadt-

Migration stellt mehr und mehr eine ernst zu nehmende Herausforderung dar. Es wäre unrealistisch, zu meinen, irgendwer könnte die Jugend davon überzeugen, dass sie weiterhin leben sollte wie ihre Vorfahren. Das Leben in traditionellen Dorfgemeinschaften befriedigt auch die jungen Bhutaner nicht mehr. Sie haben durch die modernen Medien Zugang zur weiten Welt und wollen ganz selbstverständlich an deren Segnungen auch teilhaben.

Die Aufgabe für und in Bhutan also lautet: Wie sieht die neue Form einer Dorfgemeinschaft aus, in der Fortschritt und Weltoffenheit mögliche Lebensformen sind, ohne dass das Leben der Menschen in der Gegenwart und auch nicht in der Zukunft die natürliche Umwelt zerstört und die sozialen Beziehungen der Menschen untergräbt? Bhutan soll ein soziales Labor werden: In diesem Raum wollen wir die Bedingungen testen und die Möglichkeiten schaffen, um die Prinzipien von Bruttonationalglück in allen Dimensionen des Lebens umzusetzen.

Das Zentrum bietet schon seit 2012 Kurse an. In diesen Seminaren vermitteln wir das Wissen um Bruttonationalglück in dreifacher Art weiter:

Im Zentrum organisieren wir Lernprozesse. Dialog, Introspektion, Reflexion und Meditation verhelfen den Teilnehmern zu ihrer tiefen inneren Verwandlung.

Zugleich schaffen wir ein förderliches Umfeld. Im Zentrum lernen die Menschen nicht nur, Bruttonationalglück zu verstehen. Sie können miterleben, was es bedeutet, Bruttonationalglück im Alltag unmittelbar zu erfahren.

Und schließlich sollen die Teilnehmer praxisorientierte Bruttonationalglück-Projekte entwickeln, die sie dann in ihrem Leben umsetzen können: sei es in ihrer Familie, ihrer Organisation, ihrer Firma, ihrer Gesellschaft oder ihrem Land.

Jigmi Y. Thinley, der ehemalige Ministerpräsident von Bhutan und Präsident unseres Zentrums, definierte die Ziele der Programme, die wir anbieten, so:

»*Was wir anstreben, ist nicht weniger als eine innere Verwandlung. Die Absolventen sind echte Menschen. Sie sollen ihr volles Potenzial entfalten und wahre Fürsorge für andere, einschließlich anderer Arten, empfinden. Sie sollen ökologisch geschult sein, ihr Verständnis der Welt soll zugleich kontemplativ wie analytisch sein, sie sollen frei sein von Gier und ohne übermäßige Wünsche – aber sie sollen zutiefst davon überzeugt sein, dass sie nicht von der Natur und von den anderen Menschen entfremdet sind. Ein in BNG ausgebildeter Mensch sollte keinen Zweifel daran haben, dass sein Glück ganz mit seinem Beitrag zum Glück der anderen zusammenhängt. Zusammenfassend bedeutet es, dass die Absolventen ihre Menschlichkeit voll enthüllen.*«

Die Programme, die wir organisieren, wenden sich an verschiedene Teilnehmer: Unser Zentrum spricht zunächst bhutanische Interessenten an. Unsere erste Zielgruppe ist die Jugend des Landes – aber natürlich nicht ausschließlich sie. Wir zielen auch auf unser internationales Publikum: Diese Seminarteilnehmer kommen nach Bhutan, um ihre Kenntnisse des Bruttonationalglücks auf den verschiedenen Gebieten wie der Erziehung, der Wirtschaft, dem Umweltschutz, der Meditation oder auch der alternativen Messung sowie Statistik von Wirtschaft und Entwicklung zu vertiefen.

Wir reden mit Menschen überall dort auf der Erde, wohin sie uns regelmäßig in die verschiedensten Länder einladen, um über BNG zu sprechen. Auch nach Deutschland haben mich schon mehrere Male interessierte Veranstalter eingeladen, damit ich Vorträge und Seminare über BNG halte: Beispielsweise lud mich 2012 der Bürgermeister von München ein, einen öffentlichen Vortrag im dortigen Rathaus zu halten.

Gemeinsam mit internationalen Partnern wie etwa dem bereits erwähnten Presencing Institute in Boston (USA), der Global Peace Initiative of Women[32] und dem Mind & Life Institute[33], beide ebenfalls in den USA, sowie der Gesellschaft für Internationale Zusammenarbeit (GIZ) in Deutschland oder dem Schumacher College[34] in Großbritannien organisieren wir zudem Programme in Kooperation.

Bruttonationalglück in der Praxis

Bruttonationalglück und Erziehung

2009 fand in Thimphu ein internationaler Kongress mit dem Titel »Bruttonationalglück und Erziehung« statt. Über hundert internationale und bhutanische Experten und Politiker überlegten gemeinsam, wie sie die Grundprinzipien von Bruttonationalglück in der Bildung und in der Pädagogik fruchtbar umsetzen können. Sie arbeiteten dabei eine ganze Anzahl von Empfehlungen aus, die sowohl BNG als Schulfach enthielten als auch methodische Ratschläge für Lehrer und Schulleiter. Die Teilnehmer erarbeiteten ein Curriculum und schrieben ein Lehrbuch, um die Lehrer in BNG auszubilden.

Bald danach rief Bhutan die Schuldirektoren des Landes zusammen. Sie sollten in einem einwöchigen Seminar die Basiselemente dieses Curriculums kennenlernen. Das ist der Vorteil eines so kleinen Landes wie Bhutan: Bei weniger als 600 Schulen, die es dort im ganzen Land gibt, können sich alle Schuldirektoren des Landes an einem einzigen Ort treffen und miteinander austauschen.

In den Folgejahren schulten die Verantwortlichen über 3000 Lehrer in ähnlicher Weise. Alle erhielten eine Fortbildung, um BNG vollständig in das Schulsystem Bhutans zu integrieren. So beginnt beispielsweise im ganzen Land jeder Schultag mit einer kurzen Achtsamkeitsmeditation. Die Lehrer sind aufgerufen, BNG nicht in erster Linie als zusätzliches Schulfach zu betrachten, sondern dessen Grundprinzipien und Werte in alle Fächer miteinzubeziehen.

Der ehemalige Erziehungsminister Bhutans, Thakur S. Powdyel, hat während seiner Amtszeit ein Gesamtkonzept entwickelt, das er »grüne Schulen für ein grünes Bhutan« nennt. Darin spricht Thakur S. Powdyel von acht »grünen Umgebungen«. Das Wort »grün« verwendet er dabei als Sinnbild. Er geht von der grünen Natur aus und setzt sie gleich mit gesund, lebensfördernd und nahrhaft. Sein Schulkonzept ist in acht Kapitel gegliedert: die grüne natürliche Umgebung, die grüne intellektuelle Umgebung, eine grüne akademische Umgebung, eine grüne soziale Umgebung, die grüne kulturelle Umgebung, die grüne spirituelle Umgebung, die grüne ästhetische Umgebung sowie die grüne ethische Umgebung.[35]

Der Versuch, das Schulsystem in dieser Weise neu zu orientieren, ist noch in Arbeit. Das Konzept muss dabei auch Hindernisse überwinden. Denn das Schulwesen in Bhutan ist noch relativ neu. Es wurde ursprünglich aus Indien importiert und ist damit weitgehend eine Erbschaft der britischen Kolonialzeit auf dem Subkontinent. Dennoch ist das Konzept der »grünen Umgebungen« ein mutiger Versuch, einen neuen, anderen Ansatz in der Pädagogik zu finden.

Seit 1987 trifft sich der Dalai Lama regelmäßig mit Wissenschaftlern und Forschern. Daraus entstanden ein sehr reger Dialog und viele Publikationen. Gemeinsames Ziel ist es, die gegenwärtige Forschung und ihre modernsten Erkenntnisse zu traditionellem Wissen und alter Weisheit – entstanden über Jahrtausende aus kontemplativer und meditativer Praxis – zusammenzubringen. Das Mind & Life Institute ging aus dieser Forschungsarbeit hervor.

Nach mehreren Jahrzehnten rein wissenschaftlicher Tätigkeit bestand der Dalai Lama schließlich darauf, dass die Ergebnisse auch in die Praxis übertragen werden sollten – und dies geschieht nun hauptsächlich auf dem Gebiet der Erziehung.

Daraus entwickelte sich ein internationales Programm. Eine Expertengruppe aus verschiedenen Wissenschaftsdisziplinen erarbeitete zusammen mit Meditationsmeistern einen Lehrplan, der säkulare ethische Werte wie Mitgefühl, Menschlichkeit, Selbstlosigkeit und Großzügigkeit auf der Basis von innerer Schulung der Achtsamkeit – vom Kindergarten bis zur Universität – in die Bildung einführen soll. Dabei geht es darum, dass die Erzieher und Lehrer in den Schulen soziale, emotionale und ethische Kompetenzen genau so ernst nehmen und schätzen, wie sie den Wert des akademischen Wissens hochhalten. Das Programm heißt »Ethics and Education for Students and Teachers« (EEST)[36], zu Deutsch: »Ethik und Erziehung für Schüler und Lehrer« (EESL). Seine Grundannahme: Seit Langem schon ist bekannt, dass ein glückliches und erfolgreiches Leben eigentlich eher von den sozialen und emotionalen Kompetenzen als von den rein intellektuellen Fähigkeiten abhängt. Auch dass eine Gesellschaft ohne ethische Werte nicht gedeihen kann. Dennoch sind diese Erkenntnisse weltweit erst sehr wenig in die Schulsysteme eingeführt, und immer noch messen wir Erfolg oder Versagen in der Schule mit viel zu eng gefassten Prüfungsmethoden. Sie führen nicht zu verlässlichen Resultaten, da sie ausschließlich Erinnerungsfähigkeit und Intellekt ergründen.

Daraus folgt die Notwendigkeit, Erziehung viel weiter und

umfangreicher zu definieren. Nur dann können wir Kindern die Fähigkeiten vermitteln, die sie wirklich brauchen. Es ist völlig sinnlos, Kinder nur auf die Bedürfnisse der heutigen Wirtschaft und einen hypothetischen Arbeitsmarkt vorzubereiten. Denn die Welt von morgen muss erst erfunden werden und sie wird höchstwahrscheinlich sehr anders sein als diejenige, die wir bis jetzt gekannt haben und heute kennen. Unsere Kinder an eine aussterbende Welt anzupassen, ist nicht das Beste, was wir ihnen für ihr vor ihnen liegendes Leben mitgeben können. Wir müssen ihnen die Kreativität, das Selbstvertrauen und die Kraft vermitteln, das Neue, was geboren werden will, mitgestalten zu können.

Eine Grundfrage der Pädagogik besteht daher darin, dass wir uns zunächst bewusst werden, welches Menschenbild der Erziehung, die wir unseren Kindern angedeihen lassen, zugrunde liegt. Wenn auch nicht immer voll bewusst, so ist doch weitgehend das implizite Menschenbild der heutigen Pädagogik noch immer jener Homo oeconomicus, den ich bereits ausführlich im Abschnitt »*Ein neues Welt- und Menschenbild ...*« des Kapitels »*Warum wir Bruttonationalglück brauchen*« beschrieben habe. Der jedoch ist – wie erwähnt – eine der Hauptursachen für die Sackgasse, in der wir heute stecken. Das führt dazu, dass das ganze System nicht auf Kooperation, sondern auf Wettbewerb und Konfrontation errichtet ist und dass es eher einen Selektions- denn einen Integrationsprozess beschreibt. Solange wir das nicht ändern, kann auch kein dauerhafter sozialer Wandel entstehen. Denn unsere Kinder sind bereits von Anbeginn in diese Richtung vorbestimmt.

Hinzu kommt, dass viele Lehrer und Erzieher heute gegen eine abirrende Aufmerksamkeit ihrer Schüler und Studenten ankämpfen. Das frustriert sie. Es geht sogar so weit, dass das als Aufmerksamkeitsdefizit-Hyperaktivitätsstörung

(ADHS) bezeichnete Krankheitsbild ein allgemeines Gesundheitsproblem in den Ländern der entwickelnden Welt wurde. In den USA stieg die Zahl der Kinder, die Ärzte und Eltern mit der Droge Ritalin behandeln, von 90 000 im Jahr 1997 auf 800 000 im Jahr 2013. Methylphenidat – Handelsname: Ritalin – ist ein Medikament, das zu den Amphetaminen gehört. Die Arznei wirkt euphorisierend und putscht die Kinder auf.

Dass seine Schüler ihm zuhören und aufmerksam sind, kann heute also kein Lehrer mehr als selbstverständlich voraussetzen. Zuhören jedoch ist eine Grundfähigkeit, die wir alle in der herkömmlichen Erziehung brauchen. Das wiederum heißt, dass die Schulung der Achtsamkeit in der heutigen Zeit unbedingt notwendig ist. In den Schulen aber üben es die Lehrer kaum mit ihren Schülern. Schlimmer noch: Auch die Lehrer lernen es nicht (mehr) in ihrer eigenen Ausbildung.

Das BNG-Zentrum in Bhutan ist als Landespartner ausgewählt, dieses neue EESL-Erziehungsprojekt in Zusammenarbeit mit dem Mind & Life Institute in alle Schulen Bhutans zu tragen. Der große Vorteil dabei ist, dass das Konzept der »grünen Schulen für ein grünes Bhutan« für diese Arbeit eine sehr gute Basis schafft.

Was wir dabei lernen, soll als Grundlage dienen, ähnliche Projekte in anderen Ländern umzusetzen. Der Dalai Lama plant, damit eine große internationale Bewegung anzustoßen. Sie soll einmal so weitverbreitet sein, wie dies heute das Internationale Rote Kreuz ist.

Ich hatte im April 2014 die Gelegenheit, im kleinen Kreis für zwei Tage mit dem Dalai Lama an diesem Projekt zu arbeiten. Er vertrat die feste Überzeugung, dass wir Menschen die folgenschweren Probleme unserer Zeit nicht lösen können, ohne ein neues Bewusstsein zu entwickeln. Die Religionen – auch nicht der Buddhismus –, das betonte das Oberhaupt des tibetischen Buddhismus, könnten keine Lösungen anbieten, die auf der ganzen Welt umsetzbar seien, da niemals alle Menschen zugleich die gleiche Religion hätten. Abgesehen davon gäbe es viele Menschen, die an nichts (mehr) glaubten. Daher, das betonte der Dalai Lama, brauchen wir heute ein wissenschaftlich fundiertes Erziehungssystem. Das aber müsse das Verständnis des eigenen Geistes und unserer ethischen Werte in säkularer Art und Weise vermitteln können. In seinem *Buch der Menschlichkeit: Eine neue Ethik für unsere Zeit* führt der Dalai Lama diese Gedanken ganz detailliert aus.[37]

Wir hoffen, dass Bhutan in diesen Fragen der Erziehung eine Vorreiterrolle übernehmen kann und dadurch andere Länder inspiriert.

Im April 2014, kurz nach meinem Treffen mit dem Dalai Lama, war ich in Vietnam – wo ich, wie bereits erwähnt, ebenfalls aktiv bin – und besprach diese Fragen im Erziehungsministerium. Es freut mich besonders, dass der Leiter dieser Behörde großes Interesse für unser Projekt zeigte und Vietnam, obwohl es eine kommunistische Regierung hat, Partner des EESL-Erziehungsprojekts werden will. Auch die Verantwortlichen dieses Landes erkennen mit zunehmender Deutlichkeit, dass eine Pädagogik, die nur das Äußere lehrt und die innere Entwicklung der Kinder nicht fördert, auf Dauer nicht haltbar und tragfähig ist.

Ich hatte auch in Deutschland interessante Gespräche und zwar mit Vertretern der Waldorfschulbewegung. Bei ihnen stieß ich ebenfalls auf ein sehr reges Interesse. Die Waldorfschulen besitzen als freie Schulen einen größeren Spielraum als die öffentlichen Lehranstalten. Schon immer wenden sie fortschrittliche pädagogische Methoden an. Also könnte es sein, dass die Waldorfschulen Pioniere auch auf diesem Feld werden und die Ideen aus Bhutan in Europa vertreten und sie hier propagieren.

Ich bin der tiefen Überzeugung, dass ein erweitertes Bildungssystem, das den gesamten Menschen sieht und ihn erzieht und dabei von Anfang an gezielt seine Achtsamkeit sowie sein soziales, emotionales und ethisches Lernen einbezieht und schult – anstatt nur seinen Intellekt und sein Wissen zu vermehren –, dass dies der wichtigste Faktor für soziale Erneuerung ist.

Bruttonationalglück auf internationaler Ebene in Wirtschaft, Gesellschaft und Politik

»Es wurde mir bewusst (durch die Teilnahme am Kurs), dass echte Systemveränderung mit einzelnen Personen beginnt. Dass die Fähigkeit, die Wirtschaft oder das Gesundheitssystem zu verändern, letzten Endes davon abhängt, dass Menschen innerhalb dieser Systeme den Willen aufbringen, sich selbst zu ändern. Dass sie bereit sind, die Fakten anders zu werten und im Einklang mit ihren Werten zu handeln. Das sehen wir ganz klar, wenn wir nur darüber nachdenken, zugleich aber ist es eine sehr bedeutsame Erkenntnis.«

Dieses Zitat stammt von John Kitzhaber, dem Gouverneur des Staates Oregon, USA. Er war einer der Teilnehmer von »Global Wellbeing and GNH Lab, Innovation beyond GDP« – ein Kurs, der gemeinsam mit dem Presencing Institute aus Boston und der Global Leadership Academy der deutschen Gesellschaft für Internationale Zusammenarbeit (GIZ) organisiert wurde.

»Globales Labor für Bruttonationalglück und Wohlbefinden: eine Erneuerung jenseits des Bruttoinlandsprodukts« – so der Titel dieses Programms auf Deutsch, das 24 Führungspersönlichkeiten aus Politik, Wirtschaft und Gesellschaft zusammenbrachte. Sie kamen aus acht verschiedenen Ländern, um im Gespräch und in sogenannten Lernreisen sowie durch Meditation innovative Lösungen für die Herausforderungen unserer Zeit zu suchen und diese anschließend gemeinsam auszuarbeiten und anzustoßen. Dabei entstand eine Anzahl von Projekten auf unterschiedlichen Gebieten.

Am Beispiel einiger dieser Projekte möchte ich zeigen, wie die Umsetzung der Ideen von Gross National Happiness in der Praxis aussehen kann. Diese Beispiele veranschaulichen auch, dass diese neue Art, über Fortschritt und Entwicklung nachzudenken und diesen Gedanken anschließend konkrete Taten folgen zu lassen, mittlerweile kein Nischendasein mehr führt. Im Gegenteil, dieser neue Ansatz hat sich zu einer richtigen Welle der Innovation und Transformation entwickelt. Diese wird langsam an vielen Orten auf dem Planeten spür- und sichtbar.

Bruttonationalglück in der Wirtschaft

Diese in unseren Seminaren erdachten großen Projekte sollen ein neues Verständnis von Unternehmertum erzeugen, eine andere Art des Wirtschaftens hervorbringen und erste Ansätze dazu stärken. Es geht darum, eine Abkehr von einer polarisierten Haltung des »Wir-gegen-die-anderen« zu schaffen. Diese neue Haltung hat als Ziel eine von Werten geleitete Wirtschaft, die sich sowohl besser um die Gesellschaft als auch um die Natur kümmert und beiden dient, die Gemeinschaften baut und stützt und dabei auch die Kreativität aller Bürger mit einbezieht.

Die Projekte sind von der Überzeugung inspiriert, dass Menschen, die ihr tieferes Lebensziel verfolgen, Gemeinschaften aufbauen können, die auf Mitgefühl gründen. Diese Annahme soll nicht nur für Einzelpersonen oder Gruppen gelten. Das ist auch in der Wirtschaft umsetzbar.

Einige Beispiele aus der Arbeit des GNH Centre können das belegen: Eileen Fisher, die Gründerin des bekannten US-Bekleidungs- und Modelabels aus New York, besuchte 2013 Bhutan. Seither setzt sie die GNH-Prinzipien in ihren Unternehmen um oder ist dabei, dies nach und nach zu verwirklichen. Sie startete etwa ein Forschungsprojekt, das die Auswirkungen ihrer Textilproduktion auf die Menschen und die Umwelt in allen Ländern, in denen Eileen Fisher Kleidung herstellt, untersucht – und zwar umfassend: Sie nimmt dabei alle Stufen der Produktions- und der Lieferkette unter die Lupe: den Anbau der Biobaumwolle in Indien, die Färbereien in China, die Näher- und Schneidereien in Bangladesch, die Boutiquen in New York. Eileen Fisher will verstehen, welchen Einfluss ihre Firma sowohl auf die Menschen wie auch auf deren Gemeinschaften oder auf die Umwelt hat und wie sie diesen Einfluss verbessern könnte, um das Wohlbefinden aller Beteiligten zu steigern.

Natura, die größte Naturkosmetik-Firma in Brasilien, war ebenfalls in diesem Seminar vertreten. Die Verantwortlichen gehen dort weit über die üblichen Corporate Social Responsibility-Aktivitäten anderer Firmen hinaus. So haben sie beispielsweise im Amazonas-Becken Partnerschaften mit den dort lebenden indigenen Ureinwohnern geschlossen und kaufen deren traditionelle medizinische Pflanzen zu garantierten Preisen, um daraus ihre Kosmetika herzustellen. Das garantiert der lokalen Bevölkerung ein regelmäßiges Einkommen, das die Menschen unter Beibehaltung ihrer traditionelles Lebens- und Arbeitsweise in ihrer angestammten natürlichen Umgebung für ihren Lebensunterhalt erwirtschaften.

Michel Long von BALLE (Business Alliance for Local and Living Economies)[38] arbeitet in den USA mit über 30 000 Partnern und Organisationen zusammen. Sie setzen so gemeinsam die Prinzipien des BNG um. Ihr Ziel ist es, Produzenten und Verbraucher auf örtlicher Ebene wieder miteinander ins Gespräch zu bringen, damit die Wirtschaft die wirklichen Bedürfnisse der Menschen vor Ort befriedigen kann und der dabei erwirtschaftete Gewinn auch der örtlichen Gemeinschaft zugute kommt und in die Budgets der dort lebenden Menschen zurückfließt.

Vor Kurzem besuchte eine Vertreterin der Nachhaltigkeits-Abteilung des US-amerikanischen Sportartikelanbieters Nike Bhutan. Auch dieses multinationale Unternehmen überlegt intensiv, wie und was es von BNG lernen und welche Ideen es umsetzen kann. Die Vertreterin des Unternehmens sagte: »Wir wissen, wenn wir die natürliche Umwelt zerstören, floriert in Zukunft auch keine Wirtschaft mehr.« Dann zeigte sie uns die nagelneuen, modischen Sportschuhe, die sie trug, und erklärte, dass diese zu hundert Prozent aus wiederverwertetem Material hergestellt wären.

Auch Bhutan selbst gibt ein Beispiel für die Anwendung der GNH-Ideen in der Wirtschaft. Der neue Ministerpräsident des Landes startete eine Kampagne, die das Land nach und nach auf rein elektrisch betriebene Autos umstellen soll. Die Abkehr vom Verbrennungsmotor – was ein deutliches Signal gegen den Klimawandel darstellt – läutete ein einheimischer Ingenieur ein. Er entwickelte dafür eine neue Batterie. Der Ministerpräsident schloss daraufhin einen Vertrag über eine Partnerschaft mit dem japanischen Autokonzern Nissan: Ab 2015 baut die Automobilschmiede in Bhutan ein neues Modell ihres Elektrowagens unter dem Namen »Thunder«. (Siehe dazu auch den Abschnitt »*Land der Geheimnisse*« im Kapitel »*Das Labor hinter den Bergen*«)

Als ich vergangenes Jahr in Deutschland war, begegnete ich Dr. Kai Romhardt. Er ist zugleich Meditationslehrer und Unternehmensberater. Er hat das »Netzwerk Achtsame Wirtschaft« gegründet. Auch dieses Projekt verfolgt ganz ähnliche Ziele wie die GNH in Business Initiative[39]. Dr. Romhardt[40] schreibt über sein Vorhaben:

»*Wir sehnen uns nach einer anderen Wirtschaft. Einer Wirtschaft, die Sinn macht und Sinn schafft. Einer Wirtschaft, die allen Menschen dient und nicht nur wenigen. ›Wirtschaft‹ ist kein Naturgesetz, kein Bündel von Sachzwängen, sondern wird von uns Menschen gestaltet. Es ist unser eigener Geist, in dem und mit dem wir diese Wirtschaft an jedem Tag aufs Neue schaffen. Kultivieren wir Achtsamkeit, sehen wir Alternativen zu vorherrschenden ökonomischen Ideen und Handlungsmustern und können einen wertvollen Beitrag zur Umgestaltung der Wirtschaft und der Welt leisten. Verändert sich unser Geist, verändern sich auch unser Konsum, unser Umgang mit Geld und unsere Arbeit. Wir gründen andere Unternehmen und produzieren andere Produkte. Wir schaffen ein neues Miteinander und zeigen Alternativen zum zermürbenden Gegeneinander und Konkurrieren auf. Gemeinsam eine achtsamere Wirtschaft zu schaffen, jeder an seinem Platz und mit seinen Talenten, dazu lädt das Netzwerk Achtsame Wirtschaft ein.*«

Diese Beispiele zeigen, dass wir auch im Wirtschaftsleben

BNG-Prinzipien umsetzen und konkret anwenden können und eine Wirtschaft, die auf ethischen Werten basiert, durchaus auch rentabel sein kann.

Bruttonationalglück in der Zivilgesellschaft

In Bhutan ist Bruttonationalglück eine Vision und eine Strategie, die weitgehend von oben nach unten entstanden ist: Der König hatte die Vision, sie ist heute in die Verfassung des Landes integriert und die Regierung setzt sie Schritt für Schritt in die Wirklichkeit um. Die Zivilgesellschaft ist in Bhutan noch sehr jung und muss erst nach und nach ihren Platz finden. In anderen Ländern dagegen spielt die Zivilgesellschaft oft eine wichtige Rolle. Dort fordert sie Veränderungen ein.

Ich möchte das zunächst an einem Beispiel aus Indien zeigen: In unserem Seminar entstand auch eine Zusammenarbeit der britischen humanitären Organisation Oxfam[41] mit der Self Employed Women Association (SEWA)[42], der indischen Gewerkschaft selbstständig arbeitender Frauen, die 94 Prozent der weiblichen Arbeitskräfte in Indien vertritt. Die Frauen arbeiten zu Hause oder verkaufen Produkte – vom Kunsthandwerk über selbst gekochte Gerichte bis zu handgenähter Kleidung – auf der Straße. Sie hatten bislang weder Rechte, noch setzte sich irgendjemand zur Stärkung ihres sozialen Schutzes ein. Bis SEWA gegründet wurde. Heute hat diese Gewerkschaft Millionen von Mitgliederinnen.

Das Kooperations-Projekt zwischen Oxfam und SEWA hat das Ziel, Entscheidungsträger dahingehend zu beeinflussen, dass sie über Entwicklung anders denken und entsprechend handeln. Das Projekt will ein Umdenken erreichen: Das Wirtschaftsmodell, das auf schnelles wirtschaftliches Wachstum setzt, ohne dabei auf die Konsequenzen dieses Wachstums für die Umwelt und das soziale Umfeld zu achten, soll abgelöst werden von einem Modell, welches das Wohlbefinden aller Bürger und besonders das der Frauen als Priorität setzt. Auch hier geht es darum, Bruttonationalglück in die Praxis umzusetzen. Dabei dürfte es spannend sein zu beobachten, wie sich die Wahl Narendra Modis zum neuen indischen Premierminister auf dieses Projekt auswirkt.

In Europa und auch in Deutschland ist das Interesse an Glück und Wohlbefinden innerhalb der Zivilgesellschaft und der Jugend in den zurückliegenden Jahren sehr gewachsen. Ich traf 2013, als ich in Deutschland ein Seminar über »Wirtschaft des Glücks« hielt, zwei Studenten der Fakultät für Gestaltung der Hochschule Mannheim. Sie entwickelten für ihre Masterarbeit die Idee eines »Ministeriums für Glück und Wohlbefinden«[43]. Es soll die Wertehaltung innerhalb der Gesellschaft verändern. Während ihrer Recherchen stießen auch diese Studierenden auf das kleine Land Bhutan im Himalaya. Dazu die beiden Studenten: »*Wir brauchen ein Ministerium für Glück und Wohlbefinden in Deutschland, um eine neue Bewegung und ein neues Bewusstsein ins Leben zu rufen und anhand dieser Metapher die wichtigen Fragen zu kommunizieren: ›Was ist gutes Leben und wie können wir es selbst in die Hand nehmen?‹*«

Eine Dokumentation der transmedialen Kommunikationskampagne »Ministerium für Glück und Wohlbefinden«, mit vielen Interviews sowohl mit Experten wie auch mit Menschen von der Straße, bilanziert in sehr interessanter Weise, was Menschen in Deutschland zum Thema Glück denken und zu sagen haben.

Ähnliche Initiativen finden wir heute überall in der entwickelten Welt: etwa »Action for Happiness« in England oder die Bewegung »Economics of Happiness«[44] (»Wirtschaft des Glücks«) und »Happiness Alliance«[45] (»Allianz des Glücks«) in den USA.

Bis vor Kurzem waren die verschiedenen Akteure der Zivilgesellschaft sehr gebietsspezifisch separiert. Nahezu jeder beackerte sein eigenes Feld: Umweltschutz, Menschenrechte, Tierschutz, soziale Gerechtigkeit, Armutsbekämpfung ... Diese Neigung zum Schubladendenken führt jedoch in eine Sackgasse. Sie weist zudem klare Grenzen auf, die ihre mögliche Wirkung einschränken. Die internationale Bewegung aber, die sich um »Glück und Wohlbefinden« bemüht, hat nun das Potenzial, einen globalen Blick zu entwickeln. Sie kann auch weltumspannende Lösungen entwerfen, die sowohl die innere wie auch die soziale Dimension miteinbeziehen.

Ich bin der Überzeugung, dass in den entwickelten Ländern die Menschen in der Zivilgesellschaft eine zentrale Rolle spielen. Sie können die Mächtigen – sei es in der Politik, in der Wirtschaft oder in den Medien – dazu bewegen, neue Wege zu suchen und sie auch einzuschlagen, um die Krise, in der wir uns zurzeit befinden, auf Dauer zu lösen.

Bruttonationalglück in der Politik

Glück und Wohlbefinden sind inzwischen in der internationalen Politik ein Thema. Nicht nur in der UNO, die hierzu – wie erwähnt – mehrere Konferenzen organisierte oder diese anregte. Viele Initiativen und Projekte befassen sich ebenfalls damit, Fortschritt neu zu definieren und ihn mit anderen Methoden zu messen. Ich nenne einige Beispiele:

Schon 2009 beauftragte Präsident Sarkozy in Frankreich eine Kommission damit, neue Indikatoren für die wirtschaftliche Leistung und den sozialen Fortschritt im Land zu finden[46]. Diese Arbeitsgruppe, die mit Joseph E. Stiglitz von der Columbia University und Amartya Sen von der Harvard University (beide USA) unter der Leitung von zwei Nobelpreisträgern der Wirtschaft stand, lieferte einen sehr interessanten Bericht ab, der für Europa bahnbrechend war. Dennoch gab es nicht viel praktische Umsetzung, da Sarkozy nicht wiedergewählt wurde und sein Nachfolger die Anregungen der Studie nicht aufgegriffen hat. Dennoch war der Vorgang wichtig. Andere europäische Länder unternahmen in der Folge ähnliche Versuche. Die britische Regierung begann 2012 eine nationale Untersuchung: »Measuring what matters. Measuring national wellbeing«[47] (Messen, was wichtig ist: Wohlergehen bewerten«).

Die Regierungen von Deutschland und Frankreich starteten gemeinsam eine neue Initiative. Besonders interessant finde ich daran die Tatsache, dass diese »Wohlbefinden-Projekte«[48] alle parteiübergreifend sind. Sie sind weder von rechten noch von linken Vereinigungen abhängig – trotz aller sonstiger ideologischer und politischer Unterschiede und manchmal auch Differenzen.

Die Politiker kündigten ihr Projekt mit folgenden Worten an:

»Die Welt erholt sich langsam von der schwersten wirtschaftlichen Krise der vergangenen sechs Jahrzehnte. Es ist nicht damit getan, einfach zurückzukehren zum Zustand vor der Krise. Darin sind sich Politik, Wissenschaft und die breite Öffentlichkeit einig. Doch was sollte, was muss sich ändern?
Wohlstand nicht gleich Wirtschaftsleistung:
Der Deutsch-Französische Ministerrat hat den ›Wirt-

schaftsweisen‹ beider Länder einen Auftrag erteilt: ein neues,
umfassendes System zu entwickeln, um künftig Wirtschafts-
leistung und gleichzeitig Lebensqualität und Nachhaltig-
keit messen zu können. Die ›Wirtschaftsweisen‹ schlagen
ein Indikatorensystem vor. Es misst den materiellen Wohl-
stand einer Volkswirtschaft und den gesellschaftlichen Fort-
schritt – neben Wirtschaftsleistung und Finanzkraft auch Bil-
dung, Gesundheit, Umweltbedingungen und Nachhaltigkeit.
Das Indikatorsystem (›dashboard‹) umfasst alle messbaren
Dimensionen der Wohlfahrt, die für politische Entscheidun-
gen von Bedeutung sind.

Materieller Wohlstand, Lebensqualität und Nachhaltigkeit:
Aus Sicht der Wirtschaftswissenschaften und der Statistik
stehen drei Schlüsselfragen im Zentrum der Betrachtungen.
Wie können wir erstens das Berichtswesen über die Wirt-
schaftsleistung verbessern? Es soll der Politik ermöglichen,
die aktuelle Lage zu beurteilen sowie rechtzeitig und ange-
messen zu reagieren, wenn Krisen entstehen. Wie können wir
zweitens den Blickwinkel erweitern von der Konzentration
auf die Wirtschaftsleistung hin zu einer generelleren Beurtei-
lung der Lebensqualität? Und wie können wir drittens Warn-
signale entwickeln, die uns Hinweise geben, wenn unser der-
zeitiger Lebensstil die Nachhaltigkeit gefährdet? Wann also
müssen wir etwas verändern, um unseren eigenen Wohlstand
und den unserer Kinder nicht zu gefährden?«

Dieser Trend ist nicht in Europa festzustellen. In den USA ist
er wenigstens in Ansätzen durchaus vorhanden. Wie schon
erwähnt, war John Kitzhaber, der Gouverneur von Oregon,
für einen Kurs über Bruttonationalglück in Bhutan am GNH
Centre. Er veranstaltete daraufhin in den USA eine Konferenz, zu der er die Gouverneure von zwanzig US-Bundes-

staaten zusammenbrachte, um neue Wege zu suchen, die den Fortschritt ihrer Staaten nach neuen, an GNH angelehnten Kriterien messen sollen und können. Das scheint mir sehr bedeutsam zu sein. Auf der Ebene der Bundesstaaten können die Verantwortlichen durchaus eine radikale Transformation einleiten.

Diese Beispiele sind weit davon entfernt, das gesamte Spektrum der Innovationen aufzuzeigen, die zurzeit stattfinden. Die Medien schenken solch neuen Impulsen leider auch nur sehr wenig Beachtung. Ich aber bin der Überzeugung, dass in aller Stille eine innere Revolution angefangen hat, von der diese wenigen Beispiele ein Zeugnis ablegen, auch wenn es nur erste Symptome für die Veränderungen sind. Ich glaube zudem, dass Bhutan, das kleine Land im fernen östlichen Himalaya, bei diesem Wandel in der Welt eine wichtige Vorreiterrolle spielt.

Kein Shangri-La

Immer wieder fragen Touristen,
die nach Bhutan kommen, ihren Fremdenführer:
»Sind die Bhutaner wirklich alle glücklich?«

Über die Naivität einer solchen Frage kann ich wirklich nur staunen. Bhutaner sind selbstverständlich Menschen wie wir alle. Sie haben ihre Freuden, sie haben ihre Leiden, sie hegen ihre Hoffnungen und ärgern sich über Enttäuschungen. Auch in Bhutan erleben die Menschen gute und schwierige Zeiten. Die Tatsache, dass das Land eine Entwicklungspolitik verfolgt, die Glück und Wohlergehen aller Menschen in den Mittelpunkt allen Strebens stellt, kann selbstverständlich die Wirklichkeit des menschlichen Daseins im Land nicht vollständig umkrempeln. Die Prüfungen, die für jeden Menschen mit seinem individuellen Schicksal verbunden sind, kann auch eine konsequente GNH-Politik nicht einfach wegzaubern.

Bedeutet das nun aber, dass Bruttonationalglück daher nutzlos sei?

Ganz und gar nicht! Es erscheint mir sehr wichtig, dass

es derzeit mindestens ein Land auf diesem Planeten gibt, das sich um das Bruttonationalglück bemüht und das dieses alternative Entwicklungsmodell auf der Ebene eines – wenn auch kleinen – Staats ausprobiert und seine Folgen vorlebt. Nur so kann Bhutan ein Beispiel für Nachahmer sein.

Sehen wir es doch so: Bhutan ist das Labor für die ganze Erde. Dort vollzieht eine ganze Nation ein großes Experiment, damit die Menschen in anderen Ländern etwas Nützliches lernen und erfahren und aus den Versuchen in Bhutan ihre eigenen Schlüsse ziehen können.

In einem Labor lernen jene, die dort Versuche machen und Neues testen, nicht immer nur aus den Erfolgen ihrer Versuche. Sie erweitern auch bei Niederlagen ihren Horizont und wachsen genauso an ihrem Versagen.

Immer wieder begegne ich auch Touristen, die enttäuscht sind, weil, wie sie sagen, nicht jeder Bhutaner in der Lage sei, Bruttonationalglück ausführlich und exakt zu erklären oder seine Vorzüge zu beschreiben. Ich stelle dann gerne eine Gegenfrage: »Wenn Sie das nächste Mal in Deutschland ein Taxi rufen oder in ein Ladengeschäft gehen, fragen Sie doch bitte einmal den Chauffeur, die Verkäuferin oder den Verkäufer – oder, wenn Sie in einem Café sitzen, den Kellner –, ob die Ihnen erklären können, was wir unter Bruttonationaleinkommen verstehen. Glauben Sie denn wirklich, diese Menschen könnten Ihnen die Vorzüge und Nachteile des statistischen Vergleichs und die Messung unserer Wirtschaftsleistung verständlich und fehlerfrei erklären oder sie in einen Zusammenhang mit der Finanzpolitik Europas setzen?«

Viele Ausländer kommen mit unrealistischen Erwartungen nach Bhutan. Schon seit einiger Zeit gibt es im Westen eine merkwürdige Polarität: Einerseits sind viele Menschen davon überzeugt, dass die europäische und amerikanische Kultur und Zivilisation allen anderen überlegen sind, andererseits sind jedoch auch viele von der asiatischen Welt und Kultur schon fast übertrieben fasziniert. Sie schwärmen von Yoga, mit dem sie alles zu heilen versuchen, träumen von Kung Fu, das sie unbesiegbar machen könne, sie begeistern sich für tibetische Meister mit magischen Kräften oder sehnen sich ins Paradies auf Erden: nach Shangri-La.

Es wäre doch zu schön, wenn wir diesen verlorenen Garten Eden tatsächlich irgendwo noch finden könnten – weit weg, hoch oben auf den Bergen, versteckt im dichten Dschungel und geschützt vor dem Verderben der modernen Zivilisation.

Von Jean-Jacques Rousseau bis zu Martin Heidegger oder C.G. Jung hat dieser wundersame Ort Shangri-La viele europäische Denker schon immer und immer wieder und immer noch in seinen Bann gezogen. Während sie die europäische Kultur kritisch betrachteten, fühlten sie sich der Faszination des »mystischen Ostens« stets verbunden.

Davor aber will ich warnen: Solange wir Bhutan und das Bruttonationalglück als eine Gelegenheit zur Flucht vor der Wirklichkeit begreifen oder unrealistische Erwartungen daran knüpfen, werden wir früher oder später von dieser unserer Vision enttäuscht sein. So ging es in der Geschichte immer wieder manch visionärer Idee, der die Menschen nachliefen, weil sie sich von ihr ihr Heil versprachen. Werden wir aber enttäuscht, werden wir uns in der Folge von der Vision oder Idee abwenden, ohne das Wesentliche gelernt oder erfahren zu haben.

Das wäre traurig – und tragisch.

Deshalb müssen wir wirklichkeitsnah bleiben und auch so handeln. Schätzen wir lieber nüchtern ein, was möglich ist, und erkennen wir auch die Einschränkungen des Modells eines Bruttonationalglücks richtig. Wir können aus diesem

Versuch, Fortschritt und Entwicklung anders zu lenken, etwas lernen und uns dabei gerade auch der Tatsache bewusst werden, dass andere Länder Elemente des Modells umsetzen können: nicht als Reproduktion dessen, was die Menschen in Bhutan mit dem Modell von GNH gemacht haben und machen, sondern angepasst an den jeweiligen kulturellen, sozialen, wirtschaftlichen und politischen Kontext eines jeden Landes, in dem wir die Vision ebenfalls verwirklichen wollen.

Das gelingt uns aber nur, wenn wir der Versuchung widerstehen und eben nicht unseren eigenen Wunschtraum auf Bhutan projizieren, sondern die Situation so objektiv wie nur irgend möglich einschätzen. Nur ein solch überdachtes Verhalten wird dem Bruttonationalglück gerecht.

Es ist wichtig, uns klarzumachen, dass Bhutan auf seinem Weg, Glück und Wohlbefinden als Ziel seiner Entwicklung zu verwirklichen, durchaus auch mit komplexen Herausforderungen konfrontiert ist. Das Land gehört aus dem Blickwinkel der Wirtschaftsleistung oder seiner Infrastruktur zu den »am wenigsten entwickelten Ländern« der ganzen Erde.

Es hat eine sehr herausfordernde geografische Topografie. Die kleinen Dörfer und Höfe der in den Bergen lebenden Bauernfamilien liegen weit entfernt voneinander und sind durch hohe Berge und tiefe Täler getrennt. Das Land ist zwischen zwei riesigen und scheinbar übermächtigen Nachbarn eingeklemmt: Bhutan muss zwischen China und Indien ständig um sein eigenes Überleben als eigenständige Nation bangen. Seine Haupt-Devisenquellen sind Wasserkraftwerke und Tourismus. Sie vergrößern beide noch die Abhängigkeit Bhutans vom Ausland, denn den Strom verkauft Bhutan nahezu ausschließlich nach Indien, und der Tourismus floriert nur so lange, wie es die Wirtschaftslage der entwickelten Länder erlaubt. Schwächelt dort die Wirtschaft, fehlt den Touristen schlicht das Geld zum Reisen. Dann bleiben die Gäste Bhutans zu Hause und der Devisenstrom versiegt und das Geld im Staatssäckel wird knapp.

Auch was als Erfolg bezeichnet werden kann, hat seine Kehrseite. Bhutan zum Beispiel schaffte es in nur ganz wenigen Jahrzehnten, sich von einem Land, in dem es keine säkularen Schulen gab, zu einem modernen Staat zu entwickeln, in dem der Schulbesuch für alle Kinder kostenlos ist und die besten Schüler und Schülerinnen mit einem Vollstipendium an einer Universität studieren können – entweder in Bhutan oder sogar im Ausland.

Das ist eindeutig eine Glanzleistung. Dennoch sieht man heute die Probleme, die damit auch verbunden sind: Junge Leute, die studiert haben, wollen nicht mehr in ihr Dorf zurückkehren, um dort ihren Lebensunterhalt mit der Landwirtschaft zu verdienen. Sie suchen eine Büroarbeit. In einem Land, in dem es außer dem Staatsdienst wenige solcher Stellen gibt, ist das ein meist aussichtsloses Unterfangen. Das schürt – auch in Bhutan – negative Emotionen.

Zudem gibt es zu wenige junge Bhutaner, die handwerkliche Arbeit leisten wollen. Deshalb sind etwa die meisten Straßenarbeiter und Bauarbeiter auch in Bhutan heute Fremdarbeiter. Viele stammen aus dem benachbarten Indien. Auf der anderen Seite klettert in Bhutan die Arbeitslosigkeit unter der heimischen Jugend. Das von so vielen Menschen als Paradies nahezu vergötterte Land im Himalaya entwickelt also ein ernstes Problem – die Realität vieler Entwicklungsländer ist auch in Bhutan längst zu spüren und mitzuerleben.

Den Übergang vom Leben im Dorf, in dem die Menschen eng in eine Gemeinschaft eingebunden waren, zu einem modernen, relativ anonymen Lebensstil der Stadtbevölkerung verkraften nicht alle Menschen im Land gleich leicht. Als Folge verzeichnen die Beobachter dieses Umbruchs in den Städten, wie zum Beispiel in Thimphu, ein Ansteigen etwa der Jugendkriminalität, des Missbrauchs von Alkohol und Drogen. Selbstverständlich haben diese Phänomene, verglichen mit jenen, die wir aus manch anderem Land kennen, noch sehr geringe Dimensionen. Für eine Gesellschaft, die solche Situationen bisher nicht kannte, sind es aber dennoch beunruhigende Symptome.

Ich treffe bei unseren Veranstaltungen viele Jugendliche. In unserem Zentrum veranstalten wir laufend Jugendkurse. Deshalb kann ich dort sehr gut beobachten, dass es zwei Seiten dieses Phänomens gibt: einerseits junge Menschen, die etwas verloren wirken und in einer Identitätskrise stecken, andererseits ist jedoch die Mehrheit der Jugend noch stark mit spirituellen Werten wie Mitgefühl und Liebenswürdigkeit vertraut und findet darin einen festen Halt und einen Anker, der sie in einer schwierigen Lage festigt.

Dennoch lässt sich der Übergang von einer traditionellen, bäuerlichen und weitgehend in sich ruhenden Gesellschaft zu einer eher weltoffenen, städtischen Lebenssituation innerhalb der kurzen Spanne von nur einer Generation nicht ohne eine gewisse seelische Erschütterung gestalten.

Wenn ich auf dem Land mit den Menschen rede, stelle ich fest: Sie wissen meist nur sehr wenig über die Theorie des Bruttonationalglücks. Andererseits erlebe ich dort aber auch, dass der Lebensstil dieser Bhutanerinnen und Bhutaner und ihr Alltag eigentlich lebendige Beispiele für jene Lebenshaltung sind, die wir mit Bruttonationalglück meinen.

In der Stadt dagegen wissen die meisten schon viel mehr über GNH. Manchmal sind aber genau diese Menschen auch skeptisch gegenüber den neuen Ideen und fragen, wie diese Philosophie in ihrem Alltag umgesetzt wird und welche Früchte GNH trägt oder was sich für sie ganz persönlich in Zukunft ändern soll.

Bhutan ist eine echte Demokratie mit freier Presse, und die Journalisten kritisieren nun einmal gerne die Regierung oder zeigen die Widersprüche auf, die zwischen Theorie und Praxis klaffen. Die gibt es natürlich in Bhutan ganz selbstverständlich auch.

Die Debatte darüber, was die Regierung entscheiden darf und was zur persönlichen Entscheidung im Sinne einer individuellen Freiheit der Menschen in Bhutan gehört, ist im Land sehr aktuell und akut. Als Bhutan noch eine absolute Monarchie war, waren die Bürger des Landes daran gewöhnt, die Entscheidungen ihres Königs als höhere Weisheit und absolute Wahrheit zu akzeptieren und sie widerspruchslos zu respektieren. Der Übergang zur Demokratie änderte das. Die Menschen sind heute kritischer und wollen mitreden und als Folge dessen mitbestimmen.

Ein Beispiel: Bhutan ist das einzige Land, in dem Tabak vollständig verboten ist. Wer Tabak schmuggelt, muss mit einer ebenso harten Strafe rechnen wie ein Rauschgifthändler oder ein Drogendealer. Dennoch gibt es – und es sind gerade junge – Leute, die heimlich rauchen. Ihre Zigaretten finden und kaufen sie auf dem Schwarzmarkt. Deshalb steht die Frage in der kommenden Parlamentssitzung wieder auf der Tagesordnung: Soll Bhutan das Tabakverbot wieder kippen? Können Politiker die Menschen dazu zwingen, gesund zu leben? Wer zieht wo die Grenze zwischen Allgemeingut und persönlicher Freiheit?

Die Demokratie brachte dem Land weitere, bislang nicht gekannte Herausforderungen: etwa die neue Welt des Parteiensystems. Früher waren sich die Menschen in Bhutan einig:

Es herrschte große Einigkeit im Volk, denn alle hatten volles Vertrauen in ihren König. Seitdem es in Bhutan Wahlen und politische Parteien gibt, beklagen sich nun aber viele Bürger, dass diese Einigkeit verloren gegangen sei. In den Dörfern würden die Anhänger der einen Partei nicht mehr mit den Sympathisanten der anderen Partei reden oder wollten sogar nicht mehr gemeinsam auf den Feldern arbeiten und sich gegenseitig helfen. Das war früher selbstverständlich.

Ich habe mit meinem Team eine interessante Erfahrung gemacht. Wir organisieren regelmäßig Trainings für unsere Mitarbeiter im BNG-Zentrum. Wir vertiefen gemeinsam unser Verständnis der Elemente des Bruttonationalglücks. Im vergangenen Jahr hatten wir einen jungen Praktikanten aus Holland zu Gast. Er studierte Politologie. Da die meisten unserer Mitarbeiter junge Bhutaner sind, dachte ich, es wäre gut, wenn ein junger Mensch aus dem Westen mit ihnen eine Arbeitsgruppe über »gute Regierungsführung« als einer der vier Säulen des Bruttonationalglücks bildete.

Die Teilnehmer arbeiteten in vielen Übungen und Gesprächen einen Tag lang an diesem Thema. Gegen Ende der Ausbildung stieß ich zu ihnen, weil ich hören wollte, was sie als Schlussfolgerung aus der gemeinsamen Beschäftigung zogen. Jeder konnte etwas sagen und es kamen interessante Ideen über Transparenz, Beteiligung oder Korruptionsbekämpfung als Vorschläge auf den Tisch unserer Runde. Als Letztes fragte ich die Teilnehmer unserer Diskussion, ob jeder sagen wolle und könne, was er oder sie als besseres politisches System betrachtete: absolute Monarchie oder Demokratie? Alle Bhutaner waren sich einig – und es waren alles junge Leute unter dreißig: Die absolute Monarchie sei besser als die Demokratie. Darüber muss ich seither viel nachdenken!

Die Regierung Bhutans hat einen anspruchsvollen Fünfjahresplan mit verschiedenen Zielen aufgestellt: Sie will Elektrizität, Mobiltelefonanschlüsse, eine Trinkwasserversorgung und Straßenverbindungen für jedes Dorf des Landes sicherstellen. Dafür braucht es finanzielle Mittel, und es ist eine Gratwanderung, zu entscheiden, ob ein Projekt, das Geld einbringt, aber negative Auswirkungen haben kann, nun tatsächlich umgesetzt werden soll oder nicht. Solche Fragen lassen sich nicht einfach und keinesfalls stets einhellig beantworten: Die Verbesserung der Infrastruktur trägt am Ende selbstverständlich auch zum Wohlbefinden bei. Da ist es nicht immer eindeutig, ob das Bewahren der Umwelt wichtiger ist. Diese Frage stellt sich beispielsweise bei allen Projekten, die etwas mit Bergbau zu tun haben.

Das zeigt: Auch die allerbesten Intentionen machen es keinesfalls immer leicht, den richtigen Weg auszuloten und ihn einzuschlagen. Das Beispiel zeigt, dass die Regierung des Landes ständig Kompromisse schließen muss, um die Balance zwischen zwei oftmals entgegengesetzten Zielen, die jedoch beide ihre Berechtigung haben, zu finden und eine Entscheidung darüber zu treffen, was für die Menschen und das Land das Beste ist.

Der buddhistische Weg wird ja als der »Mittlere Pfad« bezeichnet. Er meidet die Extreme. Auch das Bruttonationalglück hat viel damit zu tun, eine Richtung zu weisen, die eben genau nicht zwischen einem Entweder-oder entscheiden muss. Es geht vielmehr um eine Wahl ganz im Sinne eines »Sowohl-als-auch«. Sich ständig um die goldene Mitte zu bemühen ist und bleibt eben auch ein ständiger Prozess.

Anhang

Informationen

Ausführliche Informationen über die Aktivitäten des Gross National Happiness (GNH) Centre liefert auch die Website www.gnhcentrebhutan.org. Dort findet sich unter anderem alles Wissenswerte für Interessenten, die an einem der Kurse des Centre teilnehmen wollen.

Sehr zu empfehlen ist ferner der Blog von Dr. Ha Vinh Tho: *Learning Happiness in Bhutan.* havinhtho.blogspot.de

Anmerkungen

1 Der tibetische Buddhismus wird Vajrayana genannt, der Weg des »Unzerstörbaren«. Das Sanskritwort »vajra« bedeutet übersetzt »Diamant«.

2 www.cbs.mpg.de/staff/singer-11258

3 Das BIP umfasst den Gesamtwert aller innerhalb eines Jahres erwirtschafteten Güter und Dienstleistungen von In- und Ausländern innerhalb eines Staates, z.B. Deutschland. Das BNE umfasst den Gesamtwert aller innerhalb eines Jahres erwirtschafteten Güter und Dienstleistungen, die von Inländern (z.B. deutschen Staatsbürgern) im In- und Ausland erbracht wurden.

4 Militärbudget der USA im Jahr 2011: 664,84 Milliarden US-Dollar

5 www.unric.org/en/happiness/27709-the-un-and-happiness; www.un.org/depts/german/gv-65/band3/ar65309.pdf

6 C. Otto Scharmer, Katrin Kaufer: *Leading from the Emerging Future: From Ego-System to Eco-System Economics*, 2013

7 Intergovernmental Panel on Climate Change Report 2013

8 www.letsmove.gov

9 Aus dem gleichnamigen Band: *Nenne mich bei meinen wahren Namen. Ausgewählte Gedichte von Thich Nhat Hanh.* Knaur MensSana, München 2010, © Droemersche Verlagsanstalt Th. Knaur Nachf. GmbH & Co. KG, München

10 www.presencing.com

11 Deutsche Gesellschaft für Internationale Zusammenarbeit, www.giz.de

12 Global Wellbeing and GNH Lab. Innovating beyond GDP. www.giz.de/fachexpertise/html/8450.html

13 Dalai Lama: *Rückkehr zur Menschlichkeit: Neue Werte in einer globalisierten Welt.* Übersetzt von Waltraud Götting, Bastei Lübbe Taschenbuch, 2013

14 Der Gho ist eine traditionelle Kleidung von Männern in Bhutan. Der Gho besteht aus gewobenem, meist kariertem, manchmal unifarbenem und zum Teil aufwändig gemustertem Stoff. Fertig angezogen sieht ein Gho ähnlich aus wie ein fast knielanger Bademantel. Er besteht aus einem bodenlangen Jackenteil, welches mittels eines gewobenen Gurtes (Kera) auf die gewünschte »Rocklänge« hochgezogen und unterhalb des Gurtes beidseitig nach hinten eingeschlagen wird. Die weibliche Variante dieser Kleidung nennt man Kira. Wörtlich übersetzt heißt dies »Kleid zum Einwickeln«. Die Kira besteht aus einem rechteckigen Stoffstück, das um den Körper »gewickelt« wird und bis zu den Knöcheln reicht. An der Taille wird es mit einem Gürtel und an den Schultern mit zwei Broschen befestigt. Unter der Kira tragen die Frauen eine langärmelige Bluse (Wonju) und darüber eine Jacke (Tego).

15 www.whathappinessis.at/interview.html

16 www.thebhutanese.bt/rare-butterfly-rediscovered/

17 www.compassion-training.org

18 Om Mani Peme Hum wird vom Dalai Lama so erklärt: »Om« steht für Körper, Rede und Geist, »Mani« (Juwel) deutet auf Mitgefühl hin, »Peme« (Lotus) bedeutet Weisheit, »Hum«: Vereinigung. Also bedeutet das Mantra, dass die Vereinigung von Mitgefühl und Weisheit Körper, Rede und Geist reinigt und verwandelt.

19 www.bti-project.org/fileadmin/Inhalte/reports/2014/pdf/BTI%20 2014%20Bhutan.pdf; www.bti-project.org

20 globalmagazin.com/blog/wirtschaftswachstum-dringt-nicht-zu-den-armen-vor/

21 www.newdevelopmentparadigm.bt/

22 Lionel Robbins: *An Essay on the Nature and Significance of Economic Science.* Macmillan, London 1932, 1935, 2nd ed.

23 Karma Ura, Sabina Alkire, Tschoki Zangmo, Karma Wangdi: *A Short Guide to Gross National Happiness Index.* The Centre for Bhutan Studies, Thimphu 2012

24 NDP Steering Committee and Secretariat, 2013, *Happiness: Towards a New Development Paradigm.* Report of the Kingdom of Bhutan. www.newdevelopmentparadigm.bt

25 Margrit Kennedy: *Geld ohne Zinsen und Inflation,* 1991

26 Klaus Schwab: Weltwirtschaftsforum 2012, Vortrag zur Gemeinwohl-Ökonomie

27 Alkire & Foster Method, OPHI's method for multidimensional measurement: www.ophi.org.uk/research/multidimensional-poverty/ alkire-foster-method/

28 Report to the Kingdom of Bhutan: Happiness. Towards a New Development Paradigm.

29 Hans Küng: *Anständig Wirtschaften. Warum Ökonomie Moral braucht.* Piper, München 2010

30 Karl Peter Sprinkart, Franz-Theo Gottwald: *FairFinance. Das Kapital der Zukunft.* Herbig, München 2013

31 www.hamburg.de/feiertage-buddhismus/3911188/geburtstag-guru-rinpoche/

32 www.gpiw.org/

33 www.mindandlife.org/

34 www.schumachercollege.org.uk/

35 Thakur S. Powdyel: *My Green School. Supporting the Educating for Gross National Happiness Initiative.* 2014

36 www.mindandlife.org/research-initiatives/

37 Dalai Lama: *Das Buch der Menschlichkeit: Eine neue Ethik für unsere Zeit.* Bastei Lübbe Taschenbuch, 2013

38 https://bealocalist.org/about-us

39 Global Wellbeing and GNH Lab. Innovating beyond GDP

40 www.achtsame-wirtschaft.de/

41 www.oxfam.org.uk
42 www.sewa.org/
43 www.ministeriumfuerglueck.de/
44 www.theeconomicsofhappiness.org/
45 www.happycounts.org/
46 www.stiglitz-sen-fitoussi.fr
47 www.ons.gov.uk/ons/guide-method/user-guidance/well-being/index.
    html
48 www.bundesregierung.de/Content/DE/Magazine/02MagazinWirt-
    schaftArbeit/2011/01/01-magazin-wirtschaft-und-arbeit.html?con-
    text=WeitereThemen,4

Literatur

Auswärtiges Amt: *Beziehungen zwischen Bhutan und Deutschland.* www.auswaertiges-amt.de; Stichworte: Reise & Sicherheit –
Übersicht – Bhutan.

Barthélémy, Andrea (dpa): *Meditieren in der Röhre.* In der Online-
Ausgabe von n-tv, 29. Dezember 2013.

Brot für die Welt, Bund für Umwelt und Naturschutz, Evangeli-
scher Entwicklungsdienst: *Wegmarken für einen Kurswechsel. Eine
Zusammenfassung der Studie ›Zukunftsfähiges Deutschland in
einer globalisierten Welt‹ des Wuppertal Instituts für Klima, Umwelt, Energie.* www.zukunftsfaehiges-deutschland.de/fileadmin/
zukunftsfaehigesdeutschland/PDFs/ZDII-Kurzfassung_090422.pdf

Bundesministerium für Umwelt, Naturschutz und Reaktorsicherheit:
Megatrends der Nachhaltigkeit. Unternehmensstrategie neu denken.
Berlin 2008.

Dalai Lama: *Von hier zur Erleuchtung. Die zeitlose Weisheit des
großen tibetischen Weisen Tsong-kga-pa, erklärt für das Leben in
der modernen Welt.* Scorpio Verlag, München 2013.

Deutscher Bundestag: Schlussbericht der Enquete Kommission »Wachstum, Wohlstand, Lebensqualität – Wege zu nachhaltigem Wirtschaften und gesellschaftlichem Fortschritt in der Sozialen Marktwirtschaft«. BT-Drucksache 17/13300, Berlin 2013.

Effner, Stefanie: *Coca-Cola Happiness-Studie zeigt: Familien auf der Mission Lebensfreude*. Pressemeldung vom 14. April 2014. www.presseportal.de/meldung/2713188.

Exzellenzcluster Religion und Politik: *Kapitalismuskritik der Kirchen erlebt Renaissance*. Universität Münster 2014 (www.uni-muenster.de/Religion-und-Politik/aktuelles/2014/jan/).

Felber, Christian: *Neue Werte für die Wirtschaft. Eine Alternative zu Kommunismus und Kapitalismus*. Deuticke, Wien 2008.

Friedl, Harald: *What Happiness Is – Auf der Suche nach dem Glück*. Homepage zum gleichnamigen Film: www.whathappinessis.de/

Friedrich, Ute: *Die weltweiten Revolten und Bürgerproteste werden weitergehen*. idw-Pressemeldung, 22. Januar 2014. www.idw-online.de/de/news570074.

Fücks, Ralf: *Intelligent wachsen. Die grüne Revolution*. Carl Hanser Verlag, München 2013.

Gege, Maximilian: *Unterwegs zu einem ökologischen Wirtschaftswunder*. Europäische Verlagsanstalt, Hamburg 2008.

Gemeinwohl-Ökonomie Berlin: *Handbuch zur Gemeinwohl-Bilanz*. Version 4.1, Stand 1. April 2013. www.berlin.gwoe.net/matrix-4-1-und-gemeinwohl-bilanz/

Handelsblatt: *Kinder trotz Wirtschaftswachstums unterernährt*. Online-Ausgabe vom 27.03.2014.

Helfrich, Silke und Heinrich-Böll-Stiftung (Hg.): *Commons. Für eine neue Politik jenseits von Markt und Staat*. transcript Verlag, Bielefeld 2012.

The Huffington Post: *NASA-Studie: Warum unsere Zivilisation bald untergeht.* 17. März 2014.

Kaufmann, Stephan und Roth, Eva: *Gert G. Wagner – »Es gibt keine Gerechtigkeit«.* In: Frankfurter Rundschau, Online-Ausgabe vom 19. April 2014.

Kelly, Petra K.: *Lebe, als müßtest Du heute sterben. Texte und Interviews.* Zebulon Verlag, Düsseldorf 1997.

Küng, Hans: *Anständig Wirtschaften. Warum Ökonomie Moral braucht.* Piper Taschenbuch, München 2012.

Kupferschmidt, Kai: *Die Macht des Mitgefühls.* In: Der Tagesspiegel, Online-Ausgabe vom 20. Dezember 2013.

The Lancet Global Health: *Association between economic growth and early childhood undernutrition: evidence from 121 Demographic and Health Surveys from 36 low-income and middle-income countries.* Volume 2, Issue 4, Pages e225 – e234. April 2014.

Leaming, Linda: *Lachen im Land des Donnerdrachen. Mein Leben in Bhutan.* nymphenburger Verlag, München 2011.

Lee, Jan: *Bhutan: Transforming the Environment One LEAF at a Time.* In: Triple Pundit, 27. Februar 2014.

Leitschuh, Heike: *Wie viel Glück darf es sein? Oder: Wer über Glück spricht, darf vom Unglück nicht schweigen. Zwischenruf.* Denkwerk Zukunft, Bonn. www.denkwerkzukunft.de/index.php/aktivitaeten/index/14-Februar

Lemhöfer, Anne: *European Business School: EBS-Schüler sollen Empathie lernen.* In: Frankfurter Rundschau, Online-Ausgabe vom 17. Januar 2014.

Lenoir, Frédéric: *Sokrates Jesus Buddha. Die Lebenslehrer.* Piper Taschenbuch, München 2011.

Malsen von, Franziska: *Hungrig trotz Boom*. In: Süddeutsche Zeitung, Online-Ausgabe vom 27. März 2014.

Michel, Jörg: *Zuwanderung: Kanada stoppt die Millionäre*. In: Frankfurter Rundschau, Online-Ausgabe vom 12. Februar 2014.

Ministerium für Glück und Wohlbefinden: http://ministeriumfuerglueck.de/

National Statistics Bureau of Bhutan and Asian Development Bank: *Bhutan Living Standards Survey 2012*. www.nsb.gov.bt/

Peissel, Michel: *Zu Fuß durchs Mittelalter. Wunderland Bhutan*. Frederking & Thaler Verlag, München 2004 (2. Auflage).

Polenski, Hinnerk: *In der Mitte liegt die Kraft. Mit Zen gelassen bleiben in der Arbeitswelt*. J. Kamphausen Verlag, Bielefeld 2014.

Pressetext Nachrichtenagentur: *Sicher leben statt viel haben – das veränderte Wohlstandsdenken*. www.pressetext.com/ news/20140408021

Pro Bhutan e.V.: *Shabdrung Ngawang Namgyal and the visit of Portuguese Jesuit Patres Father Estevão Cacella and Father João Cabral in 1627*. www.probhutan.com

Rat für Nachhaltige Entwicklung: *Welches Wachstum braucht Deutschland?* www.nachhaltigkeitsrat.de/news-nachhaltigkeit/ archiv/2005-10-05/welches-wachstum-braucht-deutschland/

Reitmeyer, Dieter: *Unternimm Dein Leben. Als Lebensunternehmer zu neuem Erfolg*. Carl Hanser Verlag, München 2008.

Revkin, Andrew C.: *Can Bhutan Achieve Hydropowered Happiness?* In: The New York Times, Online-Ausgabe vom 10. Dezember 2013.

Royal Government of Bhutan: *Bhutan: In Pursuit of Sustainable Development*. National Report of the United Nations Conference on

Sustainable Development in 2012. http://sustainabledevelopment.
un.org/content/documents/798bhutanreport.pdf

Royal Government of Bhutan: *Happiness: Towards a New
Development Paradigm*. Report of the Kingdom of Bhutan. http://
newdevelopmentparadigm.bt/wp-content/uploads/2013/12/NDP_
Report_Bhutan_2013.pdf

Royal Government of Bhutan: *The New Development Paradigm. How
GNH can inspire the Post-2015 Development Agenda*. http://new-
developmentparadigm.bt/2013/04/13/how-gnh-can-inspire-the-post-
2015-development-agenda/

RP-Online: *Bhutan und das Bruttonationalglück*. 21. November 2008.

Schachtschneider, Friedhelm, dpa: *Wege zum Glück – zwischen Käfern,
Schweinen und Bruttoglücksprodukt*. In: LVZ online vom 19. März
2014.

Schlüter, Britta: Kann man im Armutsfall jemals wieder glücklich werden? idw-Pressemeldung vom 13. März 2014. http://idw-online.de/
de/news577313
(Originaltitel der Publikation: *Adaptation to Poverty in Long-Run
Panel Data*. Andrew E. Clark, Paris School of Economics; Conchita
D'Ambrosio, Université du Luxembourg; Simone Ghislandi, Univer-
sità Bocconi and Econpubblica)

Schnaas, Dieter: *BIP BIP Hurra!* In: WirtschaftsWoche Online,
11. November 2013.

Schwab, Klaus: *Weltwirtschaftsforum 2012*. Vortrag zur Gemeinwohl-Ökonomie. www.wj-augsburg.de/fileadmin/FOKUS_N/PDFs/
Gemeinwohloekonomie_Vortrag_FOKUS_N.pdf

Sprinkart, Karl Peter und Gottwald, Franz-Theo: *FairFinance. Das
Kapital der Zukunft*. Herbig Verlag, München 2013.

Sprinkart, Karl Peter und Gottwald, Franz-Theo: *Social Business für
ein neues Miteinander*. Herbig Verlag, München 2011.

tageszeitung: *Deutschland in Öko- und Sozial-Ranking. Gut zu Tieren, aber ungerecht.* Online-Ausgabe vom 3. April 2014.

Thich Nhat Hanh: *Nenne mich bei meinen wahren Namen. Ausgewählte Gedichte.* Knaur MensSana, München 2010, Droemersche Verlagsanstalt Th. Knaur Nachf. GmbH & Co. KG, München.

Tierney, John: *How Happy Are You? A Census Wants to Know.* In: The New York Times, Online-Ausgabe vom 30. April 2011. www.nytimes.com/2011/05/01/us/01happiness.html?pagewanted=all&_r=0

Tourism Council of Bhutan: *Bhutan 2012.* www.tourism.gov.bt/

Tschechne, Martin: *Was ist Mitgefühl? Wofür ist es gut?* Interview mit Tania Singer. In: Psychologie heute, Online-Ausgabe, Februar 2014, Seiten 60–65.

Wickert, Ulrich: *Redet Geld, schweigt die Welt. Was uns Werte wert sein müssen.* Goldmann Taschenbuch, München 2012.

Worldwatch Institute Europe, Julia Vol: *Going Beyond GDP – Measuring Social Progress.* 06. Mai 2014. www.worldwatch-europe.org/node/240.

Der Weg zu einem erfüllten Leben

Matthieu Ricard lädt uns zu einer inspirierenden Reise
durch die Welt des Geistes ein, auf der wir literarische,
philosophische und naturwissenschaftliche Quellen aus
Ost und West zum Thema »Glück« kennenlernen. Wir
erfahren, welche Faktoren verhindern, dass wir glücklich
sind, und welche das Glück begünstigen. Mit Übungen
und Meditationsanleitungen.

*Glück ist eine Fähigkeit, die
jeder in sich trägt. Matthieu Ricard
verbindet wissenschaftliche Erkenntnisse
mit der spirituellen Praxis des
Buddhismus.*

Matthieu Ricard
Glück

384 Seiten, ISBN 978-3-485-01116-7

nymphenburger

www.nymphenburger-verlag.de

Mit Achtsamkeit die Erde schützen

Das Lebensglück der Menschen hängt untrennbar mit
dem Wohlergehen der Erde zusammen: Nur auf einem
gesunden Planeten können wir gesund leben. Thich
Nhat Hanh hat einen Leitfaden der Achtsamkeit geschrieben, nach dem wir sinnhaft leben und zugleich die
Natur wertschätzen und schützen können.

*»Wenn wir wirklich an die Macht des
Planeten glauben, sich selbst zu heilen,
wissen wir, dass er auch uns heilen kann.
Überlassen wir uns nur Mutter Erde, und
sie wird alles für uns tun. Wir sind die
Erde. Die Erde ist eins mit uns.«*

Thich Nhat Hanh
Liebesbrief an die Erde
152 Seiten, ISBN 978-3-485-02802-8

nymphenburger
www.nymphenburger-verlag.de

Ankommen im Reich der Wunder

Bei den großen buddhistischen Meistern unserer Zeit
studierte Ulli Olvedi und verbrachte viele Monate in
Einzel-Retreats. Seit mehr als 20 Jahren unterstützt sie
Nonnen und Kinder in tibetischen Exilklöstern in und
um Kathmandu. Ihr Buch gewährt einen faszinierenden
und einfühlsamen Blick hinter die Tore dieser Klöster.

Ulli Olvedi zeigt das Kloster-
leben »von innen« und bringt
uns buddhistisches Denken und
Fühlen nahe.

Ulli Olvedi
Buddhas Kinder

176 Seiten mit 108 Farbfotos, ISBN 978-3-485-02805-9

nymphenburger

www.nymphenburger-verlag.de